Primeira Lição de Urbanismo

Coleção Debates
Dirigida por J. Guinsburg

Equipe de realização – Tradução: Marisa Barda e Pedro M. R. Sales; Edição de texto: Adriano Carvalho A. Sousa; Revisão: Iracema A. Oliveira e Luiz Henrique Soares; Produção: Ricardo W. Neves, Sergio Kon e Lia N. Marques.

bernardo secchi

PRIMEIRA LIÇÃO DE URBANISMO

PERSPECTIVA

Título do original em italiano
Prima lezione di urbanistica

© 2000, Gius. Laterza & Figli S.p.a., Roma-Bari. Edição brasileira publicada por acordo com a Eulama Literary Agency, Roma.

Dados Internacionais de Catalogação na Publicação (CIP)
(Câmara Brasileira do Livro, SP, Brasil)

Secchi, Bernardo
 Primeira lição de urbanismo / Bernardo Secchi ; [tradução Marisa Barda e Pedro M. R. Sales]. -- São Paulo : Perspectiva, 2016. -- (Debates ; 306 / dirigida por J. Guinsburg)

3ª reimpressão da 1ª edição de 2006
Título original: Prima lezione di urbanistica
Bibliografia
ISBN 978-85-273-0773-4

1. Cidades 2. Planejamento urbano 3. Urbanismo
I. Guinsburg, J. II. Título. III. Série.

06-8719   CDD-711

Índices para catálogo sistemático:
1. Urbanismo 711

1ª edição – 3ª reimpressão

Direitos reservados em língua portuguesa à
EDITORA PERSPECTIVA LTDA.
Av. Brigadeiro Luís Antônio, 3025
01401-000 São Paulo SP Brasil
Telefax: (11) 3885-8388
www.editoraperspectiva.com.br
2020

SUMÁRIO

Agradecimentos 7
Para a Edição Brasileira 9
Introdução 11
1. Urbanismo 15
2. Figuras 25
3. Urbanistas 45
4. Raízes 59
5. Cidade Moderna e Cidade Contemporânea 85
6. Projetos 117
7. O Projeto da Cidade Contemporânea 145
8. Atravessar o Tempo 175
Posfácio: O *Iter* do Pensamento de Bernardo Secchi –
    Marisa Barda e *Pedro M. R. Sales* 189
Bibliografia 195

AGRADECIMENTOS

Apesar de pequeno, este livro deve muito a pessoas às quais desejo agradecer e a quem gostaria que fosse dedicado: os meus alunos e orientandos, os muitos que tive no passado e que espero ter no futuro; três jovens mulheres, Annacarla Secchi, Marialessandra Secchi e Paola Viganò, que, mesmo não tendo sido minhas alunas ou orientandas, com suas teses de doutorado, seus projetos e seus escritos, propiciaram-me muitas sugestões e ensinamentos; as várias pessoas que me ajudaram em meus cursos, antes de terem os seus próprios; os mais jovens entre elas, que continuam a ajudar; Chiara Tosi e Stefano Munarin, que, com sua colaboração e amizade, expondo-me suas próprias leituras, comentando minhas aulas, levaram-me, com frequência, a esclarecer e aprofundar muitos temas aqui tratados.

PARA A EDIÇÃO BRASILEIRA

Na Itália, este livro faz parte de uma coleção de "Primeiras Lições", na qual colaboraram alguns dos maiores estudiosos europeus de diversas disciplinas. Como dizem Marisa Barda e Pedro Sales em seu posfácio, não se trata de livros de divulgação ou de livros que propõem uma primeira e simples aproximação às várias disciplinas. Ao contrário, a tentativa de todos os autores foi a de desenvolver um profundo exame da situação da área de estudo desenvolvida por cada um, de sua história, de suas razões, de suas diversas expressões, de seu papel na sociedade contemporânea.

Disso resulta um quadro diversificado que apresenta os diversos itinerários percorridos por diferentes estudiosos em variadas disciplinas, itinerários esses que frequentemente se dividem em áreas cada vez mais especializadas, mas que geralmente se cruzam e se unem, em reflexões que procuram uma interpretação global da sociedade de hoje e de seus principais problemas. Parece-me que o caráter fundamental do urbanismo somente pode ser apreendido tendo presente essas diferentes histórias.

O urbanismo não nasce como área especializada que se separou de um tronco principal mais vasto. Como uma grande árvore, destinada a cobrir com sua sombra, vastas porções do território, o urbanismo finca suas próprias raízes na história de nossa cultura e no terreno que a alimentou. A história do urbanismo não é somente uma história de fatos, de projetos de políticas, de suas realizações e de suas consequências, mas é também uma história de ideias e imaginários, daqueles que – eventualmente conflitando entre si – construíram as interpretações da cidade e da sociedade para as quais aqueles projetos e aquelas políticas foram construídas.

Tentar restituir a complexidade de uma área de estudo como o urbanismo em poucas páginas, sem recorrer a simplificações acessíveis que reduzem sua riqueza, me levou a uma escrita densa e compacta que talvez requeira do leitor certo esforço. Disso, peço desculpas.

INTRODUÇÃO

Há tempos, Roland Barthes, iniciando o curso de Semiologia Literária no Collège de France, disse algumas coisas que eu gostaria de repetir: "o que pode ser opressivo no ensino não é, ao fim de tudo, o saber ou a cultura que ele transmite, mas as formas discursivas através das quais esse saber e essa cultura são apresentados". Falar, escrever, ensinar é exercício de um poder que, muitas vezes, não tem as qualidades necessárias para impor-se, poder esse do qual sempre devemos tentar diminuir a importância. "Estou cada vez mais persuadido, seja escrevendo, seja ensinando, que a operação fundamental desse método de diminuição do poder é, quando se escreve, a fragmentação e, quando se expõe, a digressão, ou seja, para dizê-lo com uma palavra preciosamente ambígua: o *excursus*"[1]. Como Barthes, não tenho certezas a transmitir, mas dúvidas, questões e temas a apresentar. Por isso, minha aula será um contínuo vaivém

1. R. Barthes, *Leçon*.

em torno de um fantasma, de um desejo que, ao longo da história, tem sido muitas vezes reformulado, sem nunca ter sido satisfeito.

Caso possa referir-me indiretamente a uma outra grande aula inaugural do Collège de France[2], o que me preocupa e, ao mesmo tempo, fascina, no início de uma aula, é sua forma ritualizada, o caráter solene que o discurso assume na inauguração, a disposição ordenada dos argumentos e dos materiais, a rede de remissões a um mundo de discursos e fatos que estão além da aula, e o jogo impossível que impele a querer esclarecer cada termo e cada conceito utilizado.

Em torno da palavra "urbanismo", por exemplo, acumularam-se no passado tantas esperanças e desilusões, tantos mal-entendidos, equívocos e preconceitos, que, falando deles, tenho a sensação de ter que fazer um longo trabalho preliminar para eliminá-los, para poder tomar uma suficiente distância crítica em relação ao próprio objeto da minha argumentação.

Porém, uma disciplina como o urbanismo, que pôs no centro da própria reflexão o projeto do futuro, que se tornou objeto de esperanças redentoras e de desilusões insuportáveis, deve certamente confrontar-se com questões que, ao menos na imaginação coletiva, são consideradas relevantes e difíceis de resolver. Por isso, talvez seja importante falar delas.

Procurarei superar esses obstáculos de modo simples, perseguindo, principalmente, a clareza e a precisão. Na medida do possível, evitarei a tentação de propor uma imagem geral e densa do urbanismo e de sua história: no urbanismo, convergem diversos programas de pesquisa, diferentes posições, muitas vezes irredutíveis entre si, ainda que, pelo menos provisoriamente, igualmente legítimas. Não começarei pela história para tentar entender o futuro: se bem que, frequentemente invocada, ela permanecerá como um pano de fundo cuja exploração quero aqui apenas incitar. Evitarei

---

2. M. Foucault, *L´ordre du discours*.

principalmente toda história que faça aparecer os sinais do futuro como já inscritos em seu passado. Partirei, portanto, sempre do presente que é a única coisa da qual temos uma experiência, mesmo que imperfeita.

Uma lição é sempre uma ampla bibliografia sistematizada, que nunca consegue exaurir os temas que propõe: na melhor das hipóteses, ela pode apenas tentar construir o mapa dos territórios que outros já percorreram, indicando quais restam ainda explorar. Por trás de minhas palavras, estão, portanto, a de outros estudiosos, em relação aos quais acumulei dívidas imensas; está a experiência concreta de muitas cidades, as quais sempre pensei não conseguir conhecer completamente; estão os esforços de muitos urbanistas que as imaginaram diversas e melhores. Nesse sentido, uma lição é sempre uma obra coletiva. Os meus enunciados, no entanto, não serão enunciados nos quais o autor, seu tempo e seu espaço social possam ser eliminados. Cada afirmação minha deve ser compreendida apenas como uma hipótese destinada a estimular pesquisas e reflexões posteriores.

Mesmo sabendo que me deslocarei, frequentemente, de uma para a outra, imagino a aula dividida em três partes correspondentes a três aspectos principais. Em primeiro lugar, procurarei dizer do que pretendo discorrer: de que coisa o urbanismo se ocupa, como é feito e quais são suas raízes (1. urbanismo; 2. figuras; 3. urbanistas; 4. raízes); ainda que deva advertir que a minha ideia de urbanismo não se contém em uma única definição, mas emergirá lentamente ao longo do andamento da lição. Na parte seguinte, procurarei delinear os temas e os problemas que o urbanismo contemporâneo deve estudar e enfrentar (5. cidade moderna e cidade contemporânea; 6. projetos; 7. projeto da cidade contemporânea). Na terceira e última parte (8. atravessar o tempo), correndo um certo risco, tentarei enfim dizer quais partes do saber e das técnicas do urbanista talvez consigam transpor o tempo e quais, provavelmente, se demonstrarão mais efêmeras.

1. URBANISMO

A maior parte da superfície terrestre é um imenso depósito de signos conscientemente deixados por quem nos precedeu: cidades, vilarejos, casas e barracos isolados, ruas e trilhas, canais, galerias, diques, terraços, desmatamentos, divisão de terrenos rurais e sua destinação a cultivos específicos, linhas de árvores e plantações. Nas palavras de André Corboz, o território é um palimpsesto: as diversas gerações o têm escrito, corrigido, apagado e acrescentado[1]. Nesse imenso arquivo de signos, podemos igualmente apreender um vasto conjunto de intenções, de projetos, bem como de ações concretas de pessoas, de pequenos grupos ou mesmo de sociedades inteiras. Estratificando-se, sobrepondo-se, deformando-se e, às vezes, contradizendo-se, essas ações, não raro, levaram a resultados surpreendentes para os próprios autores, e de difícil interpretação.

1. A. Corboz, Le territoire comme palimpseste, *Diogène*, 121.

Os territórios e as cidades que observamos são os resultados de um longo processo de seleção cumulativa, ainda agora em curso. Todos os dias selecionamos algo, uma casa, um trecho de rua, uma ponte ou um bosque, e o destinamos à destruição; outra coisa usamos de modo diverso do passado, a modificamos e transformamos; outra ainda, decidimos conservá-la, como era e onde estava. A maioria das vezes nós o fazemos por motivos práticos: porque temos necessidade de casas novas, de ruas mais largas, de hospitais mais eficientes, mas, continuamente, também conferimos um sentido e um valor – monetário ou simbólico – ao que nos circunda. Muitas vezes, trata-se de um sentido e de um valor que são compartilhados por toda a sociedade na qual nos inserimos, ou por relevantes partes dela. Como acontece quando decidimos conservar um monumento ou um lugar em que a sociedade reconhece parte da própria identidade e da própria história. Mas outras coisas têm um sentido e um valor mais íntimos e particulares, válidos somente para nós ou para poucos. Em muitos casos, trata-se de um sentido e de um valor consolidados há tempo, enquanto em outros, trata-se de valores e sentidos novos, que consideramos interessantes pois mostram um aspecto diferente e inesperado em relação ao que já existia. O que nos é mais evidente, o imenso arquivo de signos materiais deixados no território, por nós mesmos e por quem nos precedeu, é o resultado cumulativo dessas decisões.

Frequentemente, se faz referência a alguns desses signos como se fossem construções espontâneas, contrapondo-as àquelas que são realizações evidentes de uma intenção, explicitada em um projeto: o vilarejo ou o mosaico agrário de muitas regiões de montanha, em um extremo e, no outro, Versalhes ou São Petersburgo, nas palavras de Dostoiévski, a cidade "mais abstrata e premeditada de todo o globo"; a obra, no mundo rural, de inúmeros autores desconhecidos contraposta à de um rei, de seus funcionários e de alguns grandes arquitetos na Europa do período das cortes.

Mas "espontâneo", nesse contexto, é um termo carente de significado. Os estudos históricos mostram como a construção e transformação da cidade medieval, do vilarejo ou do território da periferia foram também determinadas por um grande número de normas e regras. Pretende-se dizer, utilizando o termo espontâneo, que muitos dos signos materiais deixados no território são o resultado, nem sempre desejado, de intenções e decisões, nem sempre coordenadas entre si, de uma sociedade inteira, assumidas com base em regras ditadas por crenças e imaginários incorporados na tradição; enquanto outros signos são o resultado de decisões e intenções de uma só pessoa, de uma casta ou de um grupo e, eventualmente, de especialistas, que mobilizaram imagens e argumentos que aspiravam ser compartilhados e indiscutíveis. Deseja-se afirmar que alguns desses signos são o resultado de um projeto que procurou descrever antecipadamente um possível estado de coisas futuro, e outros são o resultado de uma sucessão de iniciativas, por meio das quais se procurou responder a um conjunto disperso de exigências contingentes, que se modificavam com o tempo.

Não obstante o período mais próximo a nós ser caracterizado por ações que pretendem recorrer, com maior frequência, àquilo que designamos como racionalidade em vista de um objetivo, e apesar da ampliação dos direitos de participação política e da secularização dos valores e das normas, é difícil acreditar que o processo de contínua transformação do território, com o contínuo decantar de novos signos que destroem ou modificam aqueles existentes, aconteça sempre e em todos os lugares de modo racional e, mesmo, que aconteça por meio da interação de uma pluralidade de sujeitos livres de tabus e coerções. As condições nas quais é possível o cálculo racional nunca ocorrem na prática, mesmo nas sociedades mais democráticas e secularizadas. Nem por isso os diversos sujeitos sociais se comportam de modo fortuito. A prolongada exposição a condições semelhantes, mesmo se não idênticas, orienta implicitamente seus comportamentos, por um lado e, por outro, apesar de imersos em campos culturais específicos e tradições consolidadas, esses sujeitos imaginam e constroem o próprio futuro, não somente como continuidade do passado, mas, também, como confronto entre as condições do presente e os seus próprios desejos[2].

O urbanismo ocupa-se de tudo isso: das transformações do território, do modo como elas acontecem e aconteceram, dos sujeitos que as promovem, de suas intenções, das técnicas utilizadas, dos resultados esperados, dos êxitos obtidos, dos problemas que surgem, um de cada vez, induzindo novas transformações. Trata-se de questões não facilmente distinguíveis entre si. É difícil e talvez também equivocado, distinguir as modalidades pelas quais se assume uma única decisão de transformação, ou se desenvolve toda uma sequência de decisões, do aspecto concreto e material da mesma transformação. É difícil separar o aspecto concreto de uma transformação dos argumentos propostos para justificá-la, das intenções que, presumivelmente, a impulsionaram, da cultura, das imagens, das crenças e tradições, a partir das quais as várias decisões de transformação tomaram forma: mesmo que isso amplie enormemente o campo que é preciso observar e estudar.

Portanto, por urbanismo entendo não tanto um conjunto de obras, de projetos, de teorias ou normas associadas a um tema, a uma linguagem e a uma organização discursiva; muito menos o entendo como um determinado setor de ensino, mas, ao contrário, como testemunho de um vasto conjunto de práticas, quais sejam as da contínua e consciente modificação do estado do território e da cidade. Se durante uma aula se fala muito, e talvez de modo prevalente, sobre escritos, teorias e projetos, isto é, sobre textos, enquanto registros mais sensíveis das aplicações do urbanismo são evocados somente através de histórias, fotografias, filmes ou outros materiais, é porque os livros, as

---

2. P. Bourdieu, *Choses dites*.

teorias e projetos são feitos da mesma matéria de que é feita uma lição, isto é, de palavras, eventualmente expressas na forma de desenhos ou imagens visuais. Mas tudo isso nunca nos deveria fazer perder de vista que aquilo que gostaríamos de estudar e discutir para, eventualmente, modificar e melhorar é uma atividade prática produtora de resultados muito concretos, de casas, ruas, praças, jardins e espaços de diferentes tipos e conformação.

Analisando os vestígios, tenho em vista, principalmente, as transformações da cidade e do território que recaem no domínio da experiência sensível: o que vejo, toco ou escuto. Mas minhas experiências sobre essas transformações são inevitavelmente influenciadas pelo fluxo de discursos que foram mobilizados para produzi-las e legitimá-las, para justificá-las *ex ante* e *ex post*. Naturalmente, essa necessidade de considerar juntos tanto os vestígios concretos da aplicação prática como os discursos a ela referidos não é específica do urbanismo. Muitas outras práticas, sob esse ponto de vista, se parecem; basta pensar no vastíssimo campo das práticas médicas e administrativas. Recusando a ideia banal de que as práticas são mera aplicação dos discursos, em particular daquela sua parte elaborada na forma de teoria, os vestígios sensíveis de uma prática, e os discursos que a apoiaram, aparecem como duas camadas entre as quais se situam os movimentos da sociedade: uma dimensão opaca de acontecimentos e de processos que interligam vestígios e discursos de maneira nem sempre clara e previsível.

Ao atravessar essa dimensão, o urbanismo não está sozinho; aliás, esse campo está bastante congestionado. Cidade e território pertencem inevitavelmente à experiência cotidiana de cada um. Pensar que o mundo possa ser subdividido em tantos compartimentos, cada um sob a alçada de algum estudioso ou especialista, não é um pensamento somente ingênuo, mas é principalmente equivocado. Portanto, não surpreende que muitos estudiosos, seguindo seus próprios caminhos, tenham feito mapas provisórios dessa mesma dimensão. Geógrafos e geólogos, antropologos, botânicos, topógrafos e engenheiros, agrônomos, sociólogos, médicos e economistas, advogados, historiadores, arquitetos e urbanistas, incessante e continuamente a atravessam, fazendo trechos do percurso juntos e, depois, de repente, se separam, colidindo, vez ou outra, entre si. Porém, algo une esses viajantes-exploradores em pequenos grupos ou em sua totalidade. É que, na tentativa de elaborar uma descrição e procurar uma explicação do que observam, e prefigurar-lhe possíveis mudanças, esses recorrem, frequentemente, a estilos de análise e a estruturas discursivas semelhantes, dentro dos quais eles se movem como que orientados por algumas figuras principais.

A maior parte das disciplinas, por exemplo, adotou, ao longo da modernidade, dois estilos de análise principais, um dominado pela "retórica da realidade", o outro pela "retórica da precisão irrefutável"[3]. Um por vez, esses estilos procuraram descrever e interpretar o mundo a partir das experiências que podiam realizar, ou elaborar aparatos categoriais que permitissem expor os resultados alcançados por meio da experiência em termos sempre mais precisos e incontestáveis, tendo que, de tanto em tanto, verificar se estavam falando de algo que pudesse inclusive ser apreendido por novas experiências. O urbanismo, assim como outras disciplinas, tem oscilado constantemente entre esses dois estilos de análise, construindo sobre eles diferentes programas de pesquisa, voltando, de quando em quando, a valorizar a experiência direta para, depois, procurar expor, em termos rigorosos, gerais e abstratos, seus principais resultados, submetendo, incessantemente, as próprias interpretações e partes das teorias ao crivo de novas experiências, em um incessante vai-e-vem entre a prática e a teoria e vice-versa.

---

3. M. Kemp, *Towards a New History of the Visual.*

De modo análogo, e aspirando mesmo constituir um conjunto de enunciados relacionados mais a fatos que a valores, grande parte das disciplinas modernas adotou, muitas vezes de modo implícito, uma estrutura discursiva na qual a narrativa da emancipação individual e coletiva, imaginada como progresso e superação do obscurantismo e da ignorância, ocupa um papel construtivo fundamental. Sobre essa narrativa, fundou-se em grande medida a respeitabilidade e a legitimidade da ciência moderna[4]. O urbanismo recorreu amplamente a isso. Como em uma narrativa, a ação do urbanista foi, por muito tempo, apresentada não só como aquilo que põe fim a um inexorável processo de agravamento das condições da cidade ou do território examinados, mas como o início de um virtuoso processo de sua própria melhoria. O urbanista, frequentemente, quis representar-se a si mesmo em uma dimensão mítica, como uma espécie de São Jorge que mata o dragão, este representado como aquilo que se opõe à salvação da cidade: o poder das tradições, de uma classe, da especulação, da renda, da má administração. Processos de agravamento e de melhoramento foram alternadamente apresentados de modo diferente: o primeiro, como doença, como distanciamento das condições originárias e felizes, como perda de uma ordem e de uma medida, e como empobrecimento progressivo; o segundo, como obtenção de uma situação salubre, confortável, segura e esteticamente mais satisfatória. E o percurso entre os dois, como sendo de identificação dos obstáculos a serem eliminados, dos meios e aliados que possam apresentar uma melhoria. A prática do urbanismo quase sempre adquiriu seu sentido por uma narrativa[5].

Em uma mesma estrutura discursiva, por exemplo, do tipo narrativa, podemos, no entanto, reconhecer mais figuras. Uso esse termo como na retórica: a metáfora ou a metonímia são figuras; a sinédoque ou a hipérbole, operações

---

4. J. F. Lyotard, *La condition postmoderne*.
5. B. Secchi, *Il racconto urbanistico*.

do discurso, através das quais objetos, situações ou eventos nem sempre homogêneos – por exemplo, a cidade e o corpo humano, a parte e o todo –, vêm relacionados entre si. Naturalmente, não há nada de estranho no fato de que os discursos dos urbanistas, como também dos outros estudiosos, estejam repletos de figuras retóricas; elas abundam também na linguagem comum e nem sempre são usadas no sentido descritivo, para dizer o que nos é desconhecido em termos de algo que conhecemos, mas, muito frequentemente – e este é o caso que aqui interessa indagar – as figuras são usadas em um papel construtivo, de organização do nosso pensamento. Por isso, utilizo o mesmo termo de figura para indicar, também em um nível mais abstrato, formas de pensamento ou, no outro extremo e em um nível aparentemente menos abstrato, formas da cidade, de suas partes ou arquiteturas. Quero dizer que algumas dessas figuras têm funcionado como uma metafísica influente, que unificou e orientou analogicamente todo o pensamento de uma época, pondo em relação aspectos diferentes da percepção do real. Outras figuras, progressivamente menos abstratas, exerceram uma ação mais específica, limitada somente a algumas áreas disciplinares, tratando alguns de seus aspectos particulares. Mais do que estilos de análise ou estruturas discursivas, é justamente através do estudo das figuras às quais cada disciplina recorre que se reconhecem afinidades e influências recíprocas passageiras, isto é, trechos do caminho que elas percorrem juntas.

A figura da continuidade, por exemplo, orientou a maioria dos campos disciplinares ao longo de todo o período moderno, assim como hoje, a do fragmento orienta todo o pensamento contemporâneo. Ambas tiveram e têm um papel crucial e insubstituível no que se refere ao modo de observar, interpretar e construir a cidade. Encontramos seus traços não somente nos discursos sobre a cidade, mas, também, na constituição física da cidade moderna e da contemporânea. Reencontramo-las não somente nos discursos de arquitetos e urbanistas, mas também naqueles de quase todos os estudiosos que atravessaram e continuam a percorrer a densa dimensão dos movimentos da sociedade. Reencontramo-las na literatura e nas artes, assim como na linguagem comum. Nesse sentido, elas transpõem, encontrando muita resistência, o espaço que separa as práticas discursivas dos resultados concretos, das ações de transformação da cidade, do território e da sociedade, relacionando aquilo que, com alguma simplificação, designamos como o real às palavras que usamos para referí-lo. Seguir a história e as diferentes formulações de algumas das principais figuras, desviando-nos, por um momento, da nossa principal linha de reflexão, nos permite compreender melhor seu papel na construção do urbanismo.

2. FIGURAS

Não é, porém, na cidade, onde imediatamente devemos procurar as figuras do urbanismo. Um dos lugares onde elas se tornam mais evidentes talvez seja o jardim. Sua história, que acompanhará paralelamente toda a lição, sempre foi considerada diversa, talvez também menos importante, em um certo sentido mais frívola que a do urbanismo e da arquitetura. Pode até parecer provocação evocá-la de modo tão imediato e direto. Todavia, o jardim, ornamento do solo, cidadela do *otium*, do céu ou lugar do mito, sempre foi uma metáfora da cidade e da sociedade, lugar investido de prefiguração e ideologização por uma sociedade bem organizada[1]. Construído *ex novo*, mas mantendo relações profundas com as características do lugar através da constituição física e da forma dos terrenos, das águas e da vegetação, da subdivisão das

---

1. M. Fagiolo, Il giardino come teatro del mondo e del cielo, em V. Cazzato (org.), *Tutela dei giardini storici*.

áreas de cultivo e das propriedades do solo agrário, o desenho do jardim torna-se, ao longo da história da cidade, exercício de controle das relações espaciais e dos projetos conceituais. No jardim, se expressam e são postos à prova a importância teórica e os limites das novas ideias. No espaço totalmente projetável do jardim, de maneira ainda mais clara que na cidade onde são sempre subjugadas pelo existente, as novas ideias são antecipadas e postas a uma conveniente distância crítica.

Em Vaux-le-Vicomte, por exemplo, a primeira realização paisagística de grande porte na França, a anamorfose exerce ela própria a crítica com relação à regularidade e à simetria da perspectiva central, que havia organizado os precedentes jardins do Renascimento italiano e francês[2]. Uma crítica que interessava de perto a pensadores como Descartes, Mersenne e Nicerone e que faz refletir sobre a importância do pensamento visual no início do pensamento moderno[3]. Poucos anos depois, em Versalhes, Le Nôtre não repetirá a insustentável provocação, mas construirá uma cidade em forma de jardim e continuará a experimentar, nos parques de Saint-Germain, de Chantilly, de Meudon e Saint-Cloud, o controle, por meio do uso da perspectiva, de espaços cada vez mais dilatados, na tentativa – comum a toda a ciência da época – de capturar o infinito[4]. De modo análogo, dois séculos mais tarde, no crepúsculo da modernidade, tanto nos parques e nos passeios parisienses da grande ordenação haussmaniana – autêntico sistema de elementos hierarquizados e padronizados – quanto nos contemporâneos sistemas de parques de Olmsted nos Estados Unidos, a ideia da articulação e da ordem social correspondente ao fim do Oitocentos é visualmente expressa[5]. Desse modo, no jardim abandonado

---

2. A. S. Weiss, *Miroirs de l´Infini*.
3. J. Baltrušaitis, *Les perspectives depravées*, II.
4. T. Mariage, *L´univers de Le Nostre*; L. Benevolo, *La cattura dell´infinito*.
5. F. Choay, Haussmann et le système espaces verts parisiens, *Revue de l´Art*, n. 29; C. Zaitzevsky, *Frederick Law Olmsted and the Boston Park System*.

pela cultura que declina, onde a grama e as trepadeiras cobrem as elegantes ruínas, se exprimem os primeiros temores em relação ao que a cidade industrial traz consigo, bem como a angustiante nostalgia de um passado irrevogavelmente perdido; nos projetos ilustrativos dos jardins do século XX, experimentam-se os novos materiais urbanos e a nova estética da cidade contemporânea[6].

Emergente no século XVI, na qual Descartes reconhecia a representação de uma nova forma de racionalidade, a figura da continuidade – que considero a principal da época moderna – permeia toda a história da cidade nos últimos quatro séculos. Ela torna-se captura do infinito no século XVII, regularidade e transparência no século XVIII, articulação e hierarquia no XIX, quando, então, encontra suas representações mais completas e coerentes na unificação da linguagem do espaço urbano das grandes capitais europeias. Em sua longa história, ela cruza e reconduz para si mesma outras figuras, atravessando sem contradições, antes enriquecendo-se por meio deles, o maneirismo, o barroco, o neoclassicismo, o romantismo e o ecletismo. É supérfluo dizer que consegue fazê-lo porque é, ao mesmo tempo, figura do espaço urbano e do social.

Apesar de todo o pensamento moderno ter sido dominado pelo pensamento visual, a figura da continuidade não permeia somente os aspectos figurativos do espaço urbano, nem deve ser entendida de maneira tão limitada. A cultura da modernidade, entre o Renascimento e o século XIX, é universalista porque está impregnada pela figura da continuidade. Sem o conceito de continuidade, do ponto de vista da análise matemática, não existiria o cálculo infinitesimal e é bem conhecido o valor construtivo do pensamento moderno desenvolvido por este último. Quando se observa a história da constituição e da formação das diferentes áreas disciplinares, nesse mesmo período, pode-se também perceber a importância que a figura da continui-

---

6. S. Wrede; W. H. Adams (orgs.), *Denatured Vision*; D. Imbert, *The Modernist Garden in France*.

dade teve para todas as áreas. Na maior parte das vezes, ela é representada por sua identificação com a ideia de liberdade em uma infinita possibilidade de circulação e subdivisão do real. A ideia da infinita subdivisibilidade dos terrenos está na origem, por exemplo, das reivindicações burguesas sobre a propriedade dos solos e seu mercado. Insistiu-se muito sobre o caráter contínuo, isótropo, infinitamente subdivisível e permeável, da cidade burguesa; um pouco menos sobre o fato de que isso se opunha ao caráter indivisível, mesmo que apenas em termos simbólicos, do direito de propriedade do senhor da terra, dos usos cívicos e dos direitos comuns da coletividade medieval. Sair do direito fundiário medieval, entrar no moderno direito burguês, significou aceitar a contínua subdivisão dos solos e a infinita mobilidade das pessoas e das mercadorias no espaço físico, econômico e social. Essa mesma ideia está ligada aos modos como foram conceituados o funcionamento do mercado e da livre concorrência, teatro e *modus agendi* de atores todos com dimensões infinitesimais em relação ao conjunto; essa ideia está na origem da cada vez maior divisão do trabalho, do pensamento moderno da especialização, em oposição ao pensamento indiviso dos períodos precedentes; ela está na origem da ideia fordista, expressa fisicamente na grande fábrica de River Rouge, na organização simultânea do trabalho e da cidade, na total sincronização social; ela está associada à ideia de democracia fundada na subdivisão dos poderes. A figura da continuidade acompanha, por um longo período, a emergência do sujeito em oposição a situações autoritárias e hegemônicas, acompanha sua transformação em indivíduo isolado e a destituição do sujeito coletivo.

Por outro lado, em sua progressiva conquista da cultura ocidental a figura da continuidade encontra muitas resistências. A sociedade moderna nunca conseguirá constituir-se como espaço perspectivo regular e infinitamente transparente, como *panopticon*. Em seu interior, assim como na cidade moderna, persistirão ou se formarão, incessantemente, arranjos que, como fragmentos de um mundo do passado ou germes de um futuro, construindo diferenças, tenderão a disputar o espaço simbólico, físico, social e econômico da continuidade[7]. As resistências se exprimirão nas várias formas: da economia moral das classes subalternas[8] ou do conflito; da resistência à uniformização e à igualdade codificada pelos grandes sistemas produtivos e jurídicos dos Estados modernos; da valorização da memória; da formação de minorias, cada vez mais numerosas, em eterna busca de uma identidade própria e de critérios de inclusão-exclusão cada vez mais articulados; da substituição de uma sociedade de iguais, sustentada por códigos e pactos constitucionais, por uma sociedade estatutária, na qual qualquer minoria, grupo local ou profissional, dispõe, como em épocas pré-modernas, de um estatuto próprio, reconhecido e específico. Progressivamente, o mundo ocidental também se conscientiza da destruição das culturas locais e dos lugares de sociabilidade operada pela modernidade, das restrições às várias dimensões do coletivo, implícitas à cidade moderna, e opõe sua resistência.

É por isso que, no período dominado pela figura da continuidade, isto é, por toda a modernidade, talvez se possa reconhecer duas fases fundamentais: na primeira, como dizia Descartes, a continuidade é liberação e conquista, respectivamente, dos vínculos medievais e de novas liberdades burguesas. Na segunda, é, ao invés, dominada pela angústia, pelo medo da igualdade ilimitada e do abismo que ela abre na sociedade e nas consciências dos indivíduos, pelo temor de uma sociedade reduzida a uma massa continua e homogênea. Por isso, entre o Iluminismo e o historicismo positivista, a figura da continuidade torna-se, antes de mais nada, busca de transparência e regularidade, de permeabilidade e circulação infinita e, sucessivamente, de ordem e hierarquia, de formas fortes de

---

7. E. Battisti, *L´antirinascimento*.
8. E. P. Thompson, *Società patrizia, cultura plebea*.

racionalidade às quais ela possa se referir; para, no final, se tornar nostalgia.

Nessa época, a regularidade desenvolve um papel crucial. Interpretada, entre o século XVII e XVIII, como princípio intrínseco e constitutivo de um espaço urbano ordenado como um tecido e transparente como um cristal, a regularidade, na virada do século XVIII para o XIX, torna-se, com J. N. L. Durand[9], sistemática racional do projeto de arquitetura e condição da construção do espaço isótropo e homogêneo no qual se desenvolverá a enorme produção industrial moderna[10].

Mas a regularidade torna-se também medida da normalidade e do desvio; por um lado, temos o anormal, que se distancia ou não aceita a ordem estabelecida, que pode ser considerado patológico e deve ser mantido a uma certa distância, isolado e reprimido; por outro, a substituição da ideia iluminista de uma incompreensível e meta-histórica natureza humana por aquela de uma normalidade empiricamente mensurável, graças aos desenvolvimentos da estatística, por aquilo que, tendo se tornado comum à luz de informações cada vez mais numerosas, elaboradas de modo cada vez mais sofisticado, pode parecer certo[11]. O século XIX tem a marca da normalidade e será obcecado por essa palavra, assim como pelo seu antônimo[12].

Grande parte da angústia e do medo na cidade e na sociedade modernas exprime-se através da figura da concentração. Em um nível bem menos abstrato que aquele da continuidade, a reencontramos em muitas áreas disciplinares; o urbanismo carrega seu estigma.

---

9. *Précis des Leçons d´architecture donnée a l´Ecole Royale Polytechnique* e *Partie graphique des cours d´architecture faite à l´Ecole Royale dépuis sa réorganisation*.
10. J. Guillerme, Notes pour l´histoire de la régularité, *Revue d´Esthétique*, n. 3; W. Szambien, *Jean-Nicolas-Louis Durand, 1760-1834*; B. Huet, Le tre fortune di Durand, introdução a *Jean-Nicolas-Louis Durand, 1760-1834*.
11. G. Canguilhelm, *Le Normal et le pathologique*.
12. I. Hacking, *The Taming of Chance*.

Um dos acontecimentos mais importantes de todo o desenvolvimento da nossa *Kultur* [escrevia Sombart em 1912] é o rápido aumento demográfico de uma série de cidades a partir do século XVI e, como consequência, o nascimento de um novo tipo de cidade: a cidade com centenas de milhares de habitantes, a "Metrópole" que, ao final do século XVII se aproxima, como Londres e Paris, da moderna forma da cidade, com milhões de habitantes[13].

A experiência da concentração urbana está na origem de uma intensa reflexão no pensamento ocidental. Uma de suas soluções, talvez não a principal, é a emergência sempre mais clara, durante o século XIX, de uma forma discursiva específica e autônoma à qual, depois, nos habituamos a nos referir com o nome de urbanismo.

O pesadelo da concentração e de tudo quanto a ela está associado e dela resulta como consequência inevitável, isto é, as multidões, o congestionamento, a falta de higiene e tudo aquilo que, na segunda metade do século XIX, significou desmoralização e degeneração da população urbana, absorve o pensamento social, a pesquisa e a literatura do Oitocentos. Examinando-os, é possível entender como o século percebia a cidade, o que pensava a seu respeito e o que dela acreditava pensar[14]. Na sua forma canônica e final, quando assume uma forma estável, a figura da concentração se articula na ideia de uma oposição radical da cidade ao campo[15]; no ato de interpretar a concentração urbana como resultado de uma primeira divisão do trabalho, que é origem e causa do moderno desenvolvimento capitalista[16]; mais especificamente, na interpretação da ideia da cidade como resultado de uma extraordinária concentração de poder não legítimo, embora particularmente eficaz na busca de uma atividade econômica racional[17]; na leitura da cidade como lugar onde, pela mesma razão, se concen-

---

13. W. Sombart, *Liebe, Luxus und Kapitalismus*.
14. S. Marcus, *Engels, Manchester and the Working Class*.
15. K. Marx; F. Engels, *Die Deutsche Ideologie*.
16. A. Smith, *An Inquire into Nature and Causes of Wealth of Nations*.
17. M. Weber, *Wirtschaft und Gesellschaft*.

tram a desigualdade, a especulação e a violência, o luxo e a pobreza. Através da figura da concentração, os aspectos físicos da cidade e do território são assim postos em um vínculo lógico com as relações de produção e as relações sociais. Numa lógica que se torna ainda mais clara quando se acompanha, nem que seja esquematicamente, a história das diversas articulações dessa figura.

De fato, inicialmente, encontramos a polêmica sobre a concentração do luxo[18] e conseguimos dar um sentido a essa acepção se a vinculamos ao debate, que ocorre em todo o século XVIII, sobre as justas relações entre cidade e campo, e à emergência da moderna burguesia mercantil-industrial[19]. Depois, temos a oposição entre cidade e campo, acepção à qual conseguiríamos dar um sentido se a relacionamos à oposição entre burguesia capitalista e aristocracia fundiária, entre lucro industrial e renda fundiária[20]. Mais tarde ainda, deparamo-nos com as polêmicas higienistas e, a partir da metade do século XIX, com o temor – bem documentado pela nascente ciência estatística – de uma degeneração física da população urbana[21], ao qual conseguimos dar um sentido se o relacionamos ao nascimento do moderno proletariado industrial e dos exércitos modernos, às preocupações por um justo desenvolvimento do processo de reprodução do potencial econômico e militar da nação. Depois, deparamo-nos ainda com a questão das moradias[22], à qual conseguimos dar um sentido quando emerge o proletariado urbano como novo sujeito político, mas também, em face da entrada do capital moderno no setor da construção e de seu distanciamento dos processos e das técnicas de construção pré-modernas[23]. Por fim, encontramos a polêmica sobre a desorganização urbana relacionada ao

18. F. S. M. Fénelon, *Les aventures de Télémaque*.
19. M. Weber, *Die protestantische Ethik und der Geist des Kapitalismus*.
20. F. Quesnay, *Tableau économique*; D. Ricardo, *Principles of Political Economy and Taxation*.
21. G. Stedman Jones, *Outcast London*; I. Hacking, *The Taming of Chance*.
22. F. Engels, Zur Wohnungsfrage, *Der Wolksstaat*, n. 51-53.
23. W. Hegemann, *Das steinerne Berlin*.

despontar dos novos princípios da organização do trabalho, os quais, ao final, são representados, também espacialmente, pelo taylorismo e pelo fordismo[24].

É supérfluo dizer que pelo menos uma parte do urbanismo moderno se constrói como hipótese e alternativa à concentração, que se faz recorrendo à figura da descentralização, que reencontramos nos utopistas do início do século XIX, no movimento dos higienistas e no trabalho dos engenheiros sanitaristas, nos movimentos da juventude e na revalorização das atividades esportivas a eles vinculadas e, depois, no século seguinte, no movimento das *garden cities* e das *green-belt cities*, nas diversas concepções da cidade-região, nas várias políticas agrárias de descentralização urbana e metropolitana e de reequilíbrio territorial. Apesar dessas resistências, a figura da concentração organizou com tal força o pensamento sobre a cidade e a sociedade urbana que fez a concentração parecer uma característica própria e unívoca da cidade e uma tendência inexoravelmente previsível do futuro, escondendo com isso, por longo tempo, tendências e mudanças evidentes. Quando as percebemos, o mundo de repente pareceu um conjunto caótico de fragmentos.

O século XX é permeado pela figura do fragmento que é oposta à da continuidade e, como esta, também tem origens no passado: no "fragmentarismo" literário do início do século, na "geração romântica"; no campo musical com Chopin, Liszt, Schumann[25]; em Nietzsche, no círculo de Jena e nos dois Schlegel no campo filosófico; e, seguindo-os timidamente no campo urbanístico, no *Plan des artistes* para a reestruturação revolucionária de Paris (1793), nas obras de Patte, na *Ichnographia Campi Martii* de Piranesi (1762), em Laugier, na planta romana de Nolli (1748), na *Renovatio urbis venetiarum* do dodge Gritti, nas renovações romanas de Sisto V e Paulo III, nas genovesas e napolitanas, assim como

---

24. L. Hilberseimer, *Groszstadt Architektur*.
25. C. Rosen, *The Romantic Generation*.

nas da maior parte das grandes cidades europeias no início dos Quinhentos[26].

Mas, naturalmente, tanto para uma como para a outra figura, é possível encontrar antecedentes mais antigos. Do mesmo modo que a figura da continuidade construiu a imagem e a estética de um espaço urbano regular, isótropo e infinito, universal – porque depurado de qualquer caráter contingente – tal como encontramos nas grandes cidades do século XIX, em Paris, em Viena, em Berlim, a figura do fragmento remete a uma concepção topológica do espaço, à importância da diferença e da especificidade dos lugares. Assim como a figura da continuidade construiu uma ideia sinótica do projeto de cidade, tal qual se apresenta, de maneira radical, em algumas das propostas de cidade ideal dos arquitetos do Renascimento, nas cidades fundadas como Palmanova ou São Petersburgo, no plano de L'Enfant para Washington (1791) ou de Griffin para Canberra (1911) e, de maneira ainda mais radicalizada, no reticulado territorial americano[27], a figura do fragmento construiu a ideia de uma política processual e incremental da construção e modificação da cidade e do território, feita de intervenções fragmentárias, de subtrações e acréscimos cumulativos que, embora ajam pontual e localmente, conseguem dar um novo sentido a todo o complexo urbano. Assim como a figura da continuidade encontrou muitas resistências na grande rede infraestrutural, constituída pelos imaginários coletivos das épocas precedentes, e na memória do passado, a figura da fragmentação encontrou também muita resistência por parte das infraestruturas ideológicas, jurídicas, econômicas e técnicas da Modernidade, entre as quais, aquelas mais especificamente referidas às técnicas de construção da sociedade, da economia,

---

26. A. Foscari; M. Tafuri, *L'armonia e i conflitti*; M. Tafuri, *Venezia e il Rinascimento*; A. Corboz, A Network of Irregularities and Fragments: Genesis of a New Urban Structure in the 18th Century, *Daidalos*, 34.

27. A. Corboz, Un caso limite: la griglia territoriale americana o la negazione dello spazio-substrato, em *Ordine sparso*.

da cidade e da arquitetura. Continuidade e fragmentação encalçaram-se por muito tempo durante toda a Modernidade, deixando na cidade seus próprios signos.

Aos olhos contemporâneos, a cidade europeia aparece como um imenso depósito de materiais do passado e, portanto, constituída, sobretudo por fragmentos. Detalhes de projetos não concluídos, eventualmente inspirados pela figura da continuidade, ou partes de cidades que inicialmente se constituíram como fragmentos, semelhantes – retomando a definição de Schlegel – às "obras de arte completamente separadas do mundo circunstante e perfeitas por si próprias, como um ouriço"[28]. O século XX, com os rápidos avanços das vanguardas, com os repetidos *rappels à l'ordre* e as diversas retomadas neoclássicas que o marcaram, é o período no qual continuidade e fragmento se enfrentaram em uma luta sem limites, luta em que qualquer tentativa de mediação parecia destinada ao insucesso ou à promoção do pastiche.

Saudada inicialmente como liberação e conquista – respectivamente, da ordem moderna e burguesa, e de novas liberdades individuais – a figura do fragmento e os fenômenos de dispersão e difusão da cidade no território que, com efeito, lhe parecem indissoluvelmente ligados, construíram novos inconvenientes e temores, entre os quais, devido à heterogeneidade das situações que caracterizam um mundo fragmentado, só com dificuldade é possível reconhecer um denominador comum. O *sprawl* urbano, pesadelo dos urbanistas desde o fim do século XIX que ainda persiste, é um indício disso.

O destaque, dado às performances, que se seguiu à queda das grandes narrativas da Modernidade, gerou, entre outros, o temor da inadequação. Da inadequação de nosso corpo – por exemplo, com ênfase nos cuidados que a ele dispensamos, ênfase essa que caracteriza nossa época – e da consequente atenção às dimensões corporais da cidade, ao seu constituir-se como espaço topológico e da memória,

---

28. F. Schlegel, Frammenti dell' Athenaeum, III, 137, em *Frammenti critici e poetici*.

que, para ser usufruído, requer cansaço, gera medo ou prazer; espaço onde nos tornamos sensíveis ao frio e ao calor, à umidade e à secura, à luz e à sombra; do qual lembramos os cheiros e sons, lembramos mais as posições relativas dos lugares que suas distâncias físicas. O medo do nivelamento, da semelhança, da uniformização. Um mundo sensível às performances tem fobia do igual e do definitivo, daquilo que não permite distinguir-se e destacar-se, isso tem como consequência a progressiva privatização do próprio corpo, do próprio estilo de vida, do espaço no qual isso acontece; leva ao progressivo aparecimento de inúmeras microrracionalidades indiferentes umas às outras ou entre si conflitantes. Um mundo sensível às performances continua a devorar a si mesmo, julga inadequado e superado tudo o que já foi visto e experimentado, e que poderia ser diverso; esse mundo é continuamente investido por novos desejos, novas manias e esperanças. A confiança no novo, apesar de ter caracterizado a Modernidade, torna-se ansiedade, contínua aceleração, ritmo frenético, medo de não manter o ritmo em um mundo carente de orientação, porque carente de formas, medo de não manter o ritmo em um movimento social aparentemente destituído de finalidade. Não é surpreendente que desses medos nasça a nostalgia da cidade do passado, da concentração e densidade das relações humanas e culturais que ela favorecia e, de maneira mais geral, dos equilíbrios que, imaginamos, ela era expressão e representação. Grande parte de tanta atenção hoje dedicada à conservação das paisagens urbanas e rurais do passado talvez nasça somente em função do desconforto e do medo de perder o equilíbrio.

Uma das grandes figuras da Modernidade, do Renascimento em diante, foi a do equilíbrio. A perfeição sempre foi pensada como uma situação limite de equilíbrio estável que, como a natureza para Rousseau ou como os ecossistemas nas ciências ambientais, se autorregula, eliminando as causas e consequências de qualquer perturbação[29]. Ou então, foi

---

29. E. P. Odum, *Fundamentals of Ecolology.*

imaginada como uma situação em que, como para os economistas do início do século, ninguém pode melhorar o próprio bem-estar sem piorar o de outra pessoa; ou então, uma situação na qual o movimento se bloqueia. A elegância das ciências econômicas induziu a sociedade do século XX a interpretar o equilíbrio prevalentemente em termos monetários. A ideia, claramente expressa por Milton Friedman, era que os desejos humanos podem ser todos expressos em dinheiro, que, em um mercado administrado, cada privilégio pode ser compensado, impondo ônus monetários, e cada situação desfavorável pode ser compensada, agindo sobre os preços de alguns bens e serviços, sobre tarifas e salários, assegurando assim o bem-estar coletivo.

A essa concepção, o urbanismo sempre contrapôs a ideia de um equilíbrio substantivo, entre situações e qualidades não monetizáveis, entre populações e os bens e serviços dos quais estas podiam dispor, tentando fornecer, de um equilíbrio assim concebido, imagens e representações concretas. Boa parte do urbanismo moderno apresentou a conclusão da própria narrativa como se fosse a concretização de uma situação de equilíbrio, interpretou o próprio papel como uma pesquisa das formas nas quais, em diferentes ambientes, o equilíbrio pudesse se realizar.

Uma das principais e mais antigas estratégias de representação do equilíbrio foi a de recorrer, mais do que à balança do negociante ou àquela do tribunal, a outras potentíssimas figuras, pensando a cidade como um organismo vivo: uma colmeia, uma floresta, o tronco de uma árvore, mas, sobretudo, um corpo humano. Expressão de grande complexidade, embora frequentemente entendida de maneira muito redutiva, a figura do corpo, possuindo características, ao mesmo tempo, sistemáticas e diagnósticas, permite, em sua acepção principal, enfrentar e resolver, seja no nível da organização prévia de aparatos conceituais adequados, seja no desenho de formas físicas, um conjunto de questões atinentes à articulação e à integração, à forma e à dimensão, à localização e à conexão, à função e ao papel dos diversos elementos que compõem a cidade como partes de um corpo. A cidade será então como o corpo humano: um todo composto por partes distintas em função de suas propriedades intrínsecas, mas indissoluvelmente ligadas entre si ao longo dos eixos da hierarquia e da integração; partes em relação às quais poderemos, sem construir nexos determinantemente causais, julgar a correção da posição, da dimensão e da forma, referindo-as às funções e ao papel que podem e que são chamadas a realizar. A perfeição do equilíbrio humano está ligada àquilo que o transcende, e que, nos textos antigos, tem origem divina. A figura do equilíbrio é, assim, interpretada por arquitetos e urbanistas, porém não apenas por eles principalmente em termos de formas e proporções que eventualmente remetem a parâmetros, ou seja, a relações *standards* entre dimensões mensuráveis. De resto, sobre as formas e as proporções fundou-se toda a arte construtiva até Galileu.

Figura ambígua essa do corpo. Já nos textos da medicina grega, o corpo é também recipiente dentro do qual correm os fluidos que se combinam, colidem e reagem reciprocamente; é o campo de batalha onde se desenvolve a luta pelo poder entre elementos diversos. A saúde dele, como também a da cidade, é a ausência de conflitos internos[30]. O corpo é o lugar onde se representa não só a inalterabilidade do equilíbrio, mas também a dinâmica de processos similares àqueles que se desenvolvem na *polis* e que, eventualmente, são dirigidos no sentido de alcançar o equilíbrio, controlando o conflito, também graças à ação do médico-urbanista.

O século XX, mais desencantado e consciente do caráter conflituoso da sociedade, gradualmente aproximou à figura de equilíbrio a do processo, entendido tanto como sequência de ações, eventualmente integradas em procedimentos codificados, quanto como debate voltado à procura de uma verdade consensual.

---

30. M. Vegetti, *Tra Edipo e Euclide*.

O processo, como a atuação científica e o projeto do urbanista, nasce a partir de uma dúvida, de uma hipótese, de indícios que induzem à pesquisa de provas que a confirmem ou invalidem. O processo requer a divisão do trabalho e diversos atores que, com diferentes papéis, se apresentem em uma cena única, falando uma linguagem comum. A ciência é produtora de uma linguagem específica que se presta a esse propósito. Um processo, como o projeto da cidade, suscita a participação dos habitantes, mesmo que não diretamente envolvidos, divide-os em partidos. Isso se desenvolve seguindo procedimentos ritualizados e se conclui com sentenças, com atos produtores de consequências jurídicas. Os direitos das partes são modificados e com isso, sua autoridade e seu poder relativo também são modificados. Do processo, advém um arranjo futuro diferente das trocas e das interações entre as partes. A sentença, assim como o projeto do urbanista e sua realização, pode, porém, levantar novas dúvidas, ser impugnada, o processo reaberto, o julgamento ser adiado e, no final, ser revogada. A ação do juiz, assim como a da ciência, é uma ação histórica, filha de seu tempo, sujeita a erro. Mais uma vez, trata-se de uma figura muito antiga, que reencontramos já totalmente definida na época helenística nas palavras de Ptolomeu:

continuando, portanto, a comparação [...] com o tribunal, as realidades sensíveis são comparáveis às pessoas que se submetem ao processo; os aspectos contingentes de tais realidades assemelham-se às ações dos imputados; os sensores assemelham-se à documentação processual; a sensação assemelha-se aos advogados, [...] o intelecto assemelha-se aos juízes [...] a razão com a lei [...]. A opinião é comparável a uma sentença de todo modo incerta e imprecisa, contra a qual se pode inclusive apelar; a ciência, ao invés, é comparável a uma sentença certíssima e concorde[31].

Não há dúvida de que a figura do processo-debate orientou as práticas urbanísticas nas últimas décadas do século XX, em concomitância com uma difusão cada vez

---

31. Idem.

maior de diversas formas de participação democrática na construção do plano e do projeto urbanísticos, na verificação e avaliação de seus resultados. O urbanismo, assim como a prática jurídica na antiga Atenas, apresentou-se cada vez mais nesses anos como saber da cidade; prática simples, na qual qualquer cidadão é competente a partir do momento que vivencia a cidade; saber difuso que mantém relações ambíguas com conhecimentos especializados, cuja presença é ao mesmo tempo requerida e negada. Provavelmente, essa é uma das razões pela qual ao menos uma parte dos conhecimentos especializados se fechou dentro da figura do processo como procedimento codificado, processo esse que recorre a formas de organização discursiva e a linguagens específicas, não compreensíveis a todos. Algo que concerne a muitas outras práticas.

Fiz esse longo *excursus* na história de algumas figuras para mostrar seu papel na construção do urbanismo, assim como de muitas outras disciplinas.

Por um lado, figuras do "discurso" como a continuidade, a regularidade, a concentração e o equilíbrio, e por outro, figuras do "olhar", como o fragmento, a dispersão, a heterogeneidade[32], com suas numerosas acepções e variantes, perseguiram-se no tempo, cruzaram-se e contradisseram-se; construindo as grandes representações da sociedade e de seus possíveis itinerários, ou afirmando a identidade e a diferença dos lugares e dos sujeitos. Recorrendo às figuras do discurso, o urbanista, feito um pedagogo, tentou fundamentar a sua disciplina e construiu o próprio programa de pesquisa e projeto da cidade, tentando dar coesão aos indivíduos, à sociedade e ao ambiente, mediante argumentos de caráter universal. Ao contrário, recorrendo às figuras do olhar, o urbanista, feito partícipe e filantropo, procurou as raízes da própria disciplina e construiu projetos que adquiriam sentido em relação a um contexto específico.

---

32. T. Todorov, *Introduction à la littérature fantastique*.

As muitas figuras, às quais o urbanismo recorre, constroem um campo em que é possível encontrar uma ordem. A sucessão com a qual eu as expus e continuarei a expô-las não deve levar a pensar que elas podem subdividir de maneira unívoca o eixo do tempo histórico, identificando-se com as diversas épocas ou com os mais variados períodos. Ao contrário, as figuras encalçam-se, sobrepondo-se por longos períodos e conflitando entre si, frequentemente dando origem a interpretações e projetos diametralmente opostos, mas, também, originando projetos colocados, ambiguamente, a cavaleiro de umas e outras. De resto, à maior parte das figuras que lembrei, não só o urbanismo recorreu. As ciências influenciam-se reciprocamente mesmo a uma grande distância, mesmo quando exploram temas não contíguos entre si. Os princípios da química, por exemplo, tiveram enorme influência sobre o urbanismo e sobre as ciências sociais do fim do Oitocentos. As figuras que lembrei foram partilhadas e usadas por muitos estudiosos para estudar a natureza e os movimentos da sociedade, na tentativa de dar ordem aos fatos observados e deles poder fazer um relato. E é exatamente observando o modo como essas figuras têm contribuído para construir a organização do discurso e o estilo de análise de cada disciplina que compreendemos sua profundidade teórica.

O urbanismo as utiliza segundo estratégias que, pelo menos em parte, se diferenciam das outras áreas de estudo: atento aos materiais que constituem a cidade e o território e às suas recíprocas relações, ao que pode ser percebido com os cinco sentidos, às aplicações que os diferentes materiais urbanos consentem e das quais são resultado, mas, sobretudo, imaginando poder construir, com esses mesmos materiais ou com outros a eles semelhantes, um futuro que se adapte às necessidades mais profundas e aos desejos não satisfeitos da sociedade. Para o urbanista, a cidade e o território não são apenas um imenso arquivo de documentos do passado, eles são principalmente um inventário do possível. O urbanismo não é somente o estudo daquilo que aconteceu e do que é possível que aconteça, mas é, sobretudo, a imaginação do que é possível fazer acontecer.

Hilary Putnam, para esclarecer o que entende por imaginação, propôs uma bela imagem:

> Um homem está escalando uma montanha. No meio do caminho para, porque está indeciso sobre como avançar. Imagina prosseguir por um caminho. Na sua imaginação continua até um certo ponto e, nesse ponto, encontra uma dificuldade que não consegue resolver. Imagina então poder ir por outro caminho. Dessa vez é capaz de imaginar realizar todo o percurso até o fim, sem dificuldades. Assim pega o segundo caminho[33].

A prática do urbanismo é muito parecida com a do escalador. Os aspectos materiais, sensívei,s da cidade e do território, o que neles pode ser visto e tocado, tal como são vistas pelo escalador, de baixo para cima, as rugosidades da parede, para o urbanista, tornam-se indicações de possíveis apoios para a construção de uma sociedade que seja, ao mesmo tempo, realizável e justa. O exercício de imaginação do urbanista não é livre expressão da própria fantasia, mas avaliação, nas condições e com as informações dadas, de possíveis itinerários, partilhados e desejados pela maioria. Para os urbanistas, muitas ciências sociais parecem interessadas na mera descrição e interpretação provisória da sociedade tal qual é, e não na definição concreta e arriscada de possíveis ações para um possível melhoramento.

Resulta que a ideia de urbanismo aqui proposta é aquela de um saber, mais do que de uma ciência; um saber relativo aos modos de construção, à contínua mudança e melhoramento do espaço habitável e, em particular, da cidade. Situado entre estudo do passado e imaginação do futuro, entre verdade e ética, esse saber foi construído lentamente, com acumulações sucessivas, acompanhando de perto práticas artísticas, construtivas e científicas, das quais não pode ser separado. Pode parecer pouco e redu-

---

33. H. Putnam, *Meaning and the Moral Sciences*.

tivo; cada termo nessa descrição de minha ideia sobre urbanismo pode ser considerado, ao mesmo tempo, limitante e pouco preciso, muito vago. Mas corresponde exatamente ao que quero dizer do urbanismo. Este considera aspectos limitados e locais do mundo que nos circunda e, ao mesmo tempo, é curioso, aberto a sugestões e interpretações que as diversas épocas e os diversos sujeitos, indivíduos, grupos sociais e disciplinas forneceram desses mesmos aspectos.

Um saber, certamente, é menos elegante que uma ciência, não possui sua unidade, arquitetura e segurança, mas todas as ciências têm às suas costas muitos conhecimentos dos quais, muitas vezes, não estão totalmente desvinculadas. Um saber é como um *patchwork*, feito de peças próximas umas às outras e com várias origens e histórias; as várias épocas acrescentaram e utilizaram algumas peças mais do que outras. Um saber finca suas próprias raízes no passado, está sujeito a mudanças contínuas, acréscimos e subtrações, mais do que a revoluções. Pelo menos assim é para o urbanismo.

3. URBANISTAS

Estudar práticas e saberes gera alguns problemas particulares. Gustave Lanson, um importante historiador da literatura francesa, no início do século XX, após ter escrito uma história da literatura francesa, propôs-se a escrever uma "história literária" da França, entendendo com isso a história da cultura e da atividade da multidão anônima que escrevia e lia; um projeto que ainda espera ser realizado.

Naturalmente, é sempre possível escrever a história do urbanismo, como a da literatura ou da arquitetura, acompanhando somente suas linhas mais importantes. A história do urbanismo é rica de autores, aos quais, só há pouco tempo foram dedicadas monografias e biografias acuradas: com seus planos, projetos e livros, eles marcaram – a par de seus colegas que atuaram em outros campos disciplinares – a cultura e a história social de uma época[1].

---

1. G. E. Cherry, *Pioneers in British Planning;* D. A. Kreuckberg, *The American Planner;* P. Di Biagi; P. Gabellini, *Urbanisti italiani.*

45

O urbanismo dos últimos 150 anos certamente é, em larga medida, fruto das ideias e das obras de pessoas muito diferentes entre si, de pessoas cuja influência específica não é difícil estimar. Mas escrevendo a própria história, os urbanistas, bem antes dos anos sessenta do século XX, quase sempre, se não decretaram, pelo menos aceleraram "a morte do autor"[2]. Suas ideias a esse propósito foram certamente menos articuladas e sofisticadas do que aquelas de que, a partir daqueles anos, as críticas literária e artística se ocuparam, construindo um dos principais mitos tardo--modernos[3]. Mas, na maioria das vezes, o projeto da cidade foi apresentado pelos próprios urbanistas como o produto de uma cultura, de intenções e saberes que não podiam remeter imediatamente apenas a um autor específico, mas sim a sujeitos coletivos, aliás vagamente identificáveis[4].

A história urbanística de um vilarejo qualquer, isto é, a mudança, ao longo do tempo, das práticas concretas de construção, modificação e transformação da cidade está relacionada assim, na maioria das vezes, a um conjunto de eventos vagamente delimitado ou, a uma coleção dispersa de discursos, desenhos, projetos e ações produzidas por uma multidão anônima de atores: o asfaltamento ou alargamento de uma rua; a colocação de uma rede de esgoto; a construção de um bairro, de um jardim ou de um conjunto de edifícios com as destinações mais diversas; a reutilização, a transformação, o restauro de um edifício, de uma praça, de uma parte da cidade; os debates e deliberações de uma assembleia, as leis, os projetos e os planos, as relações, os artigos e as conferências, as ordens do dia, as intervenções em uma assembleia popular ou nas *media,* os livros e as revistas de arquitetura e de urbanismo.

Dificilmente podemos eliminar ou negligenciar qualquer um desses eventos ou documentos, ou ainda, separar

---

2. R. Barthes, La mort de l´auteur, *Le bruissement de la langue.*
3. C. Benedetti, *L´ombra lunga dell´autore.*
4. B. Secchi, Autori nella folla: per una ricostruzione dell´ immaginario disciplinare, em P. Di Biagi; P. Gabellini, op. cit.

uns dos outros; temos até certa dificuldade em dizer quais são os limites de uma coleção de eventos e de discursos pertinentes ao urbanismo. Naturalmente poderemos limitar-nos a observar os documentos, de qualquer forma numerosos e heterogêneos, que aqui e agora, em qualquer vilarejo, região ou momento, são considerados necessários, pelas leis locais, para o desenvolvimento da prática do urbanismo, para pensar em uma história institucional do urbanismo. Mas as leis são um produto histórico; a prática urbanística mostra regularidade que lhes transcende o caráter mutável. Ou ainda, pensando mais em uma história dos urbanistas que em uma do urbanismo, poderemos distinguir os documentos e os eventos produzidos pelos especialistas da área, do conjunto mais vasto de documentos e eventos que são produto do urbanismo ingênuo de pessoas tecnicamente não competentes. O urbanista frequentemente olha com irritação essa série de demandas básicas e banais. Mas, de fato, em relação à cidade e ao território, não só a literatura é abundante, mas as artes visuais e a imprensa cotidiana, as conversas no metrô ou no mercado, se ocupam deles amplamente. Seria equivocado pensar que tudo isso não tenha consequências sobre o modo de pensar e imaginar a cidade, suas possíveis modificações e transformações. Como é natural, mesmo que alguns eventos, discursos, e principalmente alguns "autores", adquiram maior importância que outros, por sua capacidade de interpretar as características de uma época, a história da cidade e a do urbanismo impõem distância tanto das visões heróicas como das consoladoras: convidam a olhar os grandes projetos, mas também as numerosíssimas soluções de problemas específicos, contidas nas imitações, reduções e banalizações deles próprios. A cidade é o resultado do conjunto desses projetos e soluções e das recíprocas relações que mantém, sendo difícil pensar nestas últimas sempre em termos de figura e fundo. Para construir, modificar e transformar a cidade, a multidão anônima é frequentemente um protagonista tão importante quanto os grandes autores.

Não devemos, porém pensar no conjunto de eventos, documentos e objetos heteróclitos, aos quais me referi acima, como se fosse uma dispersão caótica e informe. Nós o construímos com um critério de pertinência, ainda que fraco, reconhecendo entre os diversos elementos que o compõem, relações de contiguidade; observando as remissões entre um e outro por citação, implicação ou isotopia[*]; reconhecendo-lhes a unidade do receptor ou do emissor. O nosso não é um conjunto de objetos extraordinários, maravilhosos e únicos, um conjunto de "exemplos exemplares". Nem é um arquivo de elementos repetitivos; cada um é diferente do outro, mesmo pertencendo à mesma família. Cada elemento e o conjunto inteiro adquirem sentido para nós quando relacionados reciprocamente sobre um plano contextual, se entrevistos ao longo daquilo que poderemos indicar como os eixos do olhar, do desejo e do discurso[5]: isto é, o eixo do olhar das situações que podemos observar, o do desejo de como gostaríamos que elas mudassem, e o eixo do discurso das palavras que utilizamos para falar da distância que separa umas das outras. Pouco a pouco, o conjunto nos leva a reconhecer aquilo que Pierre Bourdieu chamaria de um "campo" dotado de uma autonomia parcial própria, de uma ordem e de uma estrutura[6].

Um campo, por exemplo, um campo científico, artístico ou disciplinar é um espaço relativamente autônomo, um microcosmo que, apesar de não escapar às regras mais gerais, tem suas próprias regras internas: escolha de temas relevantes, critérios para sua construção conceitual, vocabulários que traduzem de forma específica as demandas

---

[*]. Segundo A. J. Greimas, isotopia é a propriedade característica de uma unidade semântica que permite apreender o discurso como um todo de significação. Podem existir várias isotopias para um mesmo discurso. Por ex., os dois sentidos da palavra chute (pontapé *vs* mentira, balela). Cf. *Dicionário de Lingüística*, São Paulo: Cultrix, 1978, p. 355. (N. da T.)

5. N. Luhmann, *Gesellschaftsstruktur und Semantik*.

6. P. Bourdieu, *Les usages sociaux de la science*.

que provêm de fora. Quanto mais um campo é autônomo – pensem nos diversos campos das ciências duras – tanto mais sua linguagem, seus aparatos categoriais, seus temas, se distanciam do senso comum. Quanto mais um campo é estruturado, tanto mais a autoridade, o capital científico e o poder são distribuídos em seu interior segundo regras estáveis. O oposto ocorre obviamente com os campos dotados de pouca autonomia, como o é, precisamente, o das práticas urbanísticas. Tudo isso tem consequências profundas sobre a capacidade concreta de cada campo interpretar corretamente as situações com as quais se defronta e de sugerir os modos para melhorá-las. O progresso científico em um campo pouco autônomo e estruturado segue percursos bem mais difíceis, obscuros e tortuosos que aqueles dos campos com características opostas. Daí deriva a ideia de urbanismo que proponho, ou seja, a de um saber que se move em um setor muito aberto, mas que nem por isso trata-se de um saber pouco estruturado; mesmo porque nunca devemos esquecer que setores e estruturas não são objetos independentes da nossa pesquisa ou coisas que se acha na rua: eles sempre são um constructo do pesquisador, sistemas de relações latentes, pensadas mais que percebidas[7].

A atividade prática do urbanista tem hoje características que não tinha no passado, que não me parecem ter – pelo menos na mesma medida – outras formas projetuais, isto é, outras formas de descrição técnica, endereçadas seja a um futuro possível ou a um seu determinado aspecto particular, seja às estratégias necessárias para construí-lo. Nas últimas décadas do século XX, o campo das práticas urbanísticas inesperadamente se dilatou e se abriu. Todos estão expostos à versão ingênua e popular da própria disciplina: o médico, o psicólogo, o economista e o jurista. O urbanismo, porém, se expôs de maneira totalmente excepcional. No seu caso, a versão ingênua do urbanismo assume, na maioria das vezes, o aspecto do grupo local ou de interesse, que apresenta as próprias demandas

7. G. Genette, *Figures*.

em forma de respostas fisicamente determinadas: alargar a rua ao invés de eliminar o congestionamento do trânsito, criar estacionamentos subterrâneos naquela praça, em vez de garantir um acesso mais fácil às áreas comerciais. Frequentemente, nessas demandas configuradas como respostas, são facilmente reconhecíveis imagens contrárias à evidência empírica e à lógica. Em sociedades e culturas que não construíram relações maduras com a ciência e a técnica, a opinião pública pode querer reivindicar que graves moléstias, tanto do corpo como da cidade, sejam curadas seguindo procedimentos não completamente convalidados pelo campo científico; essa opinião pública pode também ver nas atitudes deste último a sombra da tecnocracia, do interesse acadêmico, corporativo ou monetário.

O urbanista, mais que quaisquer outros estudiosos e projetistas, para engendrar uma concreta modificação da cidade e do território, deve obter o consenso de uma multiplicidade de sujeitos individuais ou coletivos, situados em espaços sociais diferentes entre si, sujeitos dotados de poderes e movidos por interesses, aspirações, imaginários, estilos de pensamento e de comportamento bem diversos e, na maioria das vezes, opostos; sujeitos que em relação à construção, modificação e transformação da cidade, têm responsabilidades morais, culturais e jurídicas muito diferentes. Pressupor a "morte do autor", assumir que o projeto da cidade seja obra de um autor implícito, de mal identificados sujeitos coletivos ou, ainda mais genericamente, da cultura de uma época, sem entrar nos mecanismos da sua produção e realização, é, mesmo no plano historiográfico, no mínimo, evasivo.

Porém, como dizia Valéry, para o urbanista, uma obra nunca está concluída, ela simplesmente é abandonada, na maioria das vezes deixada nas mãos de outros sujeitos que, interpretando-a, para o bem ou para o mal, a modificam e reconstroem. O projeto do urbanista não passa somente por algumas aprovações de conformidade a normas que lhe orientam ou limitam os possíveis resultados, mas também por avaliações concretas da imagem de futuro que ele propõe, das estratégias sugeridas para realizá-lo, dos atores e dos recursos que considera necessário ser mobilizados, dos limites que pensa ser importante colocar aos comportamentos individuais e coletivos. Os leitores-intérpretes do projeto do urbanista não são somente guiados por raízes culturais e materiais próprias, pela percepção da própria posição no espaço físico, econômico e social, mas dispõem, em relação ao mesmo projeto, de poderes concretos, diretos ou indiretos, de aprovação, modificação ou veto. Para poder ser convincente e aceito, o urbanista é impelido a dispor, em cada instância, de argumentos dotados de suficiente prestígio: seja para fazer valer a autoridade da precisão na observação empírica e na comparação com situações análogas, a autoridade da não contradição factual e lógica, do rigor de uma teoria, dos limites impostos pela técnica, seja para fazer valer a autoridade da lei, mas também para dotar esses argumentos com a autoridade da imaginação, da retórica e do mito.

Enfatizar a eliminação do autor ou dos autores que, com diversas e distintas responsabilidades, se sucedem na construção e realização do projeto da cidade implica o risco de eliminar e esconder as diferenças entre os diversos programas, isto é, se a palavra não fosse tão pouco usual neste campo, as diferenças entre as poéticas que guiam cada projeto; implica o risco, portanto, de esconder o complexo de razões que levam cada autor a escolher, ao praticar urbanismo, algumas direções mais que outras. Por outro lado, tornar protagonista o autor, isto é, o urbanista, não necessariamente quer dizer que se deseje sua hipertrofia, como ocorre em campos bem próximos ao do urbanismo; não necessariamente quer dizer colocar sobre um plano muito distante a sociedade e a cultura de uma época, renunciando ao reconhecimento dos mecanismos nos quais cada autor se insere e à reflexão autocrítica das últimas décadas do século xx.

Tudo isso pode contribuir para explicar a história desse particular grupo profissional e algumas de suas características hodiernas. O urbanista é hoje uma figura inevitavelmente situada entre a ética do poder e a busca de uma verdade consensual. Não surpreende que alguns urbanistas procurem se omitir dessa difícil posição, refugiando-se na mera descrição do estado das coisas ou na especialização de quem se ocupa de aspectos particulares; nem que renunciem a uma dimensão imaginativa e projetual, ou que a interpretem de maneira redutiva, como processo, militância, missão ou contrapoder.

Hoje, a atividade concreta do urbanista se abre para um espectro muito amplo de temas e técnicas. O urbanista descreve, por meio de textos e desenhos, o estado das coisas; tenta fornecer delas uma interpretação; constrói hipóteses de suas modificações e as põe sobre o plano de uma imagem do futuro suficientemente delineada para que seu sentido resulte claro; tenta avaliar sua adequação às exigências e aos desejos da sociedade do modo como se lhe apresentam; estuda as possibilidades oferecidas pelo correto uso das técnicas disponíveis para realizar essas modificações; avalia os recursos físicos, financeiros e humanos que são necessários mobilizar para sua realização; a probabilidade desses recursos estarem disponíveis por parte dos atores concretos e a duração na qual poderiam e deveriam estar disponíveis; sugere as estratégias, os modos, as regras e os procedimentos por meio dos quais os comportamentos de cada um possam ser – compulsoriamente ou não – dirigidos a convergir para os resultados indicados; sugere os critérios com base nos quais avaliar os resultados à medida que são alcançados. Para fazer isso, o urbanista realiza uma relativamente numerosa série de medidas e levantamentos de campo; recolhe novas informações e reelabora aquelas adquiridas por outras vias; trata de maneira mais ou menos sofisticada séries de dados físicos, demográficos e financeiros relativos a *stocks* e a fluxos diferentemente mobilizados no tempo; enfrenta problemas técnicos frequentemente mal realizados, procurando soluções razoáveis; expõe os resultados das próprias investigações, das próprias interpretações e propostas em textos e desenhos que devem possuir, ao mesmo tempo, a capacidade retórica da persuasão e a precisão do enunciado ou do ato que estabelece direitos e deveres pessoais e coletivos. Apresenta o próprio projeto, em parte de modo implícito, através da fixação dos índices, parâmetros e normas de comportamento, e em parte de modo explícito, como prefiguração concreta de um possível futuro dos lugares. Dá às próprias propostas um valor de recomendação, de indicação, de prescrição hipotética ou absoluta, fixando-as em enunciados que assumem a forma de um texto jurídico e que, por necessidade, se confrontam com outros textos de caráter análogo. Alguns consideram que esse espectro seja muito amplo, que a uma prática que abarca questões e temas tão distantes dificilmente possa corresponder um saber unitário com suficiente profundidade e rigor. A história da progressiva e cada vez mais minuciosa divisão do trabalho intelectual é uma demonstração disso.

Em uma época como a de hoje, caracterizada por um rápido encurtamento dos acontecimentos, para os quais, a maioria dos atores, das instituições e dos sujeitos parecem construir seus próprios programas, o urbanista surge, no entanto, como um dos poucos que se ocupa, de maneira direta e explícita, da construção de um futuro que se estenda por um longo período. Vivemos cada dia em cidades e territórios que adquiriram grande parte de seu caráter em séculos longínquos, segundo processos decisivos que nos são radicalmente distantes: seus resultados, porém, continuam a construir para nosso corpo e para nossas práticas individuais e coletivas, para nossos pensamentos e nossas emoções, para a distribuição dos benefícios e das perdas entre os diversos sujeitos sociais, vínculos e oportunidades das quais os seus autores eram totalmente inconscientes. Somos cada vez mais conscientes das consequências duradouras de nossos comportamentos e das nossas decisões sobre o ambiente e a paisagem, bem como de sua importância social; conscientes de como decisões coerentes no momento imediato possam se demonstrar contraditórias a longo prazo. Os resultados, mesmo aqueles incompletos, de um projeto urbanístico, estendem-se por períodos que transcendem amplamente qualquer distribuição do poder e qualquer processo de interação social: períodos esses que as áreas de pesquisa mais consolidadas a cada dia põem mais em evidência. É essa consciência da inércia e da irrevogável duração de cada gesto imaginado, realizado ou incompleto que torna, em parte, o urbanismo diferente de muitas outras disciplinas. São talvez essas as razões pelas quais o urbanista, modificando algumas de suas próprias estratégias, redescobriu, nos anos mais recentes, uma nova aliança com filósofos e estudiosos das ciências da natureza, com os geólogos, os ecologistas, os botânicos, junto dos quais se vale de uma nova figura, como a da diversidade, e de conceitos, como o da sustentabilidade, dos quais tenta apreender as raízes e os significados na cultura dos povos e dos lugares. Não se trata de uma iniciativa oportunista, ainda que muitos outros ajam desse modo. Em um período ainda próximo, o urbanista construiu uma aliança análoga com os economistas, quando esses, mais interessados nos lentos movimentos da economia real que no turbilhão da economia financeira, discutiam sobre os caminhos de desenvolvimento alternativo e sobre as políticas para construí-los e sustentá-los.

Quando se escava na história do conjunto de práticas e discursos que chamo de urbanismo, nos damos conta que os urbanistas, como outros estudiosos, sempre tiveram a tendência a restringir a área das afirmações de caráter ético, isto é, atinentes aos aspectos de uma sociedade justa e não remissíveis a meras afirmações categóricas dos fatos. Mas até recentemente, duas afirmações demonstraram-se dificilmente elimináveis de seus discursos e de suas reflexões. Sobre elas, por muito tempo, foi erigida toda a estrutura do urbanismo. Nesse sentido, tiveram um autêntico valor fundador de um pensamento que se desenvolveu por longo tempo. A primeira afirmação, herança do jusnaturalismo refere-se ao caráter natural e meta-histórico da natureza e das necessidades humanas, refere-se portanto, à possibilidade de reconhecer, para além das contingências históricas, algo que seja essencialmente necessário para o ser humano e que ele possa exigir. A segunda – assim como outros aspectos do urbanismo, herdeira do programa reducionista dos anos situados entre os dois grandes conflitos bélicos do século XX – refere-se às possibilidades de reconhecer, medir e qualificar rigorosamente as necessidades naturais e indispensáveis, tomadas nas suas expressões mínimas, isto é, quando se manifestam como necessidades não satisfeitas dos grupos sociais menos privilegiados. Hoje é fácil considerar criticamente essas posições, mas não se deve esquecer que elas fazem parte da progressiva secularização da sociedade e da cultura moderna e que ambas contribuíram para a construção da figura do intelectual ocidental, como sendo a de quem desenvolve, através de seu próprio trabalho analítico e projetual, uma contínua critica social. Para os urbanistas, o estudo das expressões mínimas das necessidades humanas, de como se manifestavam nos grupos sociais menos favorecidos, não representava só a tentativa de resolver empiricamente um problema metodológico difícil, mas, também, uma clara tomada de posição em relação à sociedade e às direções de sua mudança.

"A habitação é um problema biológico", assegura com alguma ingenuidade Le Corbusier no Ciam de Frankfurt em 1929. E "o problema do que seja essencialmente necessário para o ser humano e do que ele possa pretender como exigência mínima de uma economia que se pressupõe que opere de modo verdadeiramente social e planejado"[8] foi considerado naqueles anos, por Gideon, o principal argumento da reflexão dos arquitetos e urbanistas. O que se requeria era, nas densas palavras de Gropius ao mesmo

8. H. Schmidt, Norme edilizie e allogio minimo, em C. Aymonino (org.), L'abitazione razionale.

congresso, "uma formulação totalmente nova, fundada no conhecimento das exigências mínimas naturais e sociológicas, que o véu das necessidades históricas, imaginadas de forma tradicional, não deve cobrir". Um problema que a esquerda ricardiana já se colocava no século anterior e que se reencontra, diferentemente resolvido, na reflexão marxista e nas mais recentes teorias das necessidades. Olhem sob esse ponto de vista as pesquisas dos urbanistas dos anos de 1920 sobre o *Existenz minimum*, correspondente projetual das numerosas pesquisas sobre a "linha da pobreza" conduzidas por sociólogos a partir do mesmo período e também das muitas enquetes sobre a pobreza que as tinham precedido, assim como as conclusões às quais elas levavam, ligando, através da estimativa das "necessidades", concentração e equilíbrio, interpretação e projeto. Essas pesquisas mostram-se conceitualmente mais sofisticadas do que normalmente poderiam ter sido consideradas pelos próprios urbanistas, mesmo quando totalmente imersos na cultura da última modernidade.

Numerosas pesquisas antropológicas mostraram nos últimos sessenta anos a impossibilidade – não somente nas sociedades ricas, mas nas pobres também – de um naturalismo ingênuo, e tendem a substituí-lo por uma interpretação cultural do aparecimento de necessidades, desejos e aspirações irrefreáveis. A comida que se come, as vestes que se usa, o emprego do próprio tempo e dos próprios recursos, o cinema, os livros, o automóvel e as férias são opiniões relativas ao formato de uma sociedade que se deseja. Ainda que amplamente dominadas pelas tradições, elas se formam e exprimem, guardadas as devidas diferenças, em sociedades ricas de modo análogo àquelas típicas de sociedades arcaicas[9]. Essas posições obviamente estão distantes das assertivas fundamentais sobre as quais, por tanto tempo, se basearam o urbanismo moderno e suas retóricas. Elas deslocam o centro da atenção, do ser humano

---

9. M. Douglas, *Thought Styles*.

enquanto tal e dos grupos menos privilegiados isolados, situados abaixo da linha de pobreza, à identificação de diferentes grupos culturais, às diversas formas com as quais eles se manifestam em relação ao ambiente e à cidade, aos seus mitos e imaginários e suas raízes, à história das mentalidades, às diversidades e sua história, mais do que ao equilíbrio. Por outro lado, alguns urbanistas redescobrem a importância da longa duração e das diversas dimensões do tempo.

4. RAÍZES

Evidenciar o urbanismo como um conjunto de práticas e saberes carentes de uma arquitetura clara, que se constrói de maneira fragmentária, deixando muitos vazios, é também um modo de aludir à sua história. Entre a história da cidade e do território e a das práticas de que foram investidos há um paralelismo evidente, mas não uma perfeita coerência. O urbanismo não é o único responsável pela construção e pela mudança da cidade. O mesmo pode-se dizer de outras práticas: a medicina não é a única responsável pelo estado de saúde de um vilarejo.

História da cidade e história do urbanismo são coisas diferentes, mas como a cidade, também o saber do urbanismo é o resultado de um processo de seleção cumulativa. Alternadamente, algo é conservado e reutilizado em novos contextos, algo é abandonado, destruído ou falsificado; algo é produzido *ex novo* como uma autêntica inovação. Reconhecer os legados do passado, distingui-los de suas mudanças ou transformações e, sobretudo, das inovações, que frequentemente se apresentam sob falsas roupagens, não é sempre coisa simples e isenta de ambiguidade. Mas ainda mais difícil é explicar, tanto para a cidade como para o território, o motivo da mudança ou da permanência.

Um dos principais problemas com que Musil se defronta em *O Homem sem Qualidades* refere-se às causas da Primeira Guerra Mundial. A sua intenção é a de descrever a combinação e a junção de um conjunto de correntes opostas e de tendências conflitantes. Após os fatos, mas somente após consumados os fatos, e de maneira tal que ninguém estivesse em condições de prever, o ponto de convergência dessas correntes e tendências se revela o deflagrador do conflito. É por isso que Musil inicia seu romance com uma figura meteorológica[1]. O urbanismo obviamente mudou com o tempo e continua a mudar sem passar por revoluções científicas, nem seguir a trajetória de um progresso imediatamente reconhecível. Ao contrário, sua história mais parece a sucessão de uma série de pontos de convergência de correntes opostas e tendências conflitantes.

Na reconstrução da história do urbanismo, como a de outras disciplinas, quase sempre foram consideradas duas linhas de hipóteses. A primeira faz referência a tudo aquilo que é externo ao urbanismo. Este muda cada vez que se torna consciente de sua incapacidade de dar respostas às solicitações, referentes à cidade e ao território, manifestadas pela sociedade, pela economia, pelas instituições ou por grupos sociais particulares. A mudança do urbanismo é uma expressão imperfeita e mais ou menos fortemente escalonada durante o período da mudança social. Aliás, o urbanismo esteve sempre e inexoravelmente atrasado em relação a essa mudança[2]. A segunda linha, ao invés, faz referência àquilo que é interno ao urbanismo, aos conflitos

---

1. J. Bouveresse, Robert Musil et le problème du déterminisme historique, *Iichiko Intercultural*, 7.
2. L. Benevolo, *Le origini dell'urbanistica moderna*.

e às contradições que se manifestam a cada vez no interior do campo urbanístico ou, caso se queira, no interior de um conjunto de práticas aqui referidas com esse termo. A mudança é o resultado da busca de uma coerência própria cada vez maior ou, pelo menos, de uma menor autocontradição.

Não é necessário sublinhar a importância de ambas as posições, mas a ideia ou a tese que proponho é em parte diferente e muito ligada a algumas características específicas e iniludíveis do urbanismo. É precisamente a observação de sua longa história que me leva a dizer que o conjunto de práticas às quais damos esse nome corresponde ao esforço contínuo de construção de uma transição entre imaginação coletiva e realidade e vice-versa. Por isso, o urbanismo se esforçou constantemente para tratar as muitas dimensões das situações materiais, dos comportamentos e dos desejos individuais e coletivos com uma linguagem verbal e figurativa que pudesse ser comunicada e compartilhada, e, do mesmo modo, procurou dar coerência a essa linguagem por meio de ações práticas de uma multiplicidade de atores. Daí seu caráter, que tenta unir imaginação coletiva e realidade, dimensão ingênua e tecnicamente sofisticada da disciplina, caráter que não hesito em indicar com o termo de utópico: o urbanismo está tão próximo das práticas artísticas quanto daquelas mais rigorosamente científicas. A sua história recusa esquematismos; é claro que não pode ser escrita somente como história interna, mas é ridicularizada quando escrita exclusivamente em termos de história externa.

O saber do urbanista não surge de um distanciamento, não surge da separação do grande tronco originário da filosofia moral ou das ciências físicas, como aconteceu com outras ciências sociais e naturais, ao longo do processo de uma sempre mais extremada divisão do trabalho, especialização e assunção de autonomia. Ele é, sobretudo, o resultado da convergência de práticas e conhecimentos com longuíssima história; como uma grande árvore, o urbanismo tem raízes em diferentes direções e com diferentes profundidades históricas e tende, continuamente, a cobrir com a própria fronde um território extremamente vasto. Para o saber do urbanista não pode ser dada uma origem, uma data de nascimento que se identifique com algum acontecimento prático ou teórico. Data essa que, inevitavelmente, diga-se de passagem, os estudos históricos que a investigam acabam sempre forçados a deslocar para trás. Nem mesmo o saber do urbanista pode ser totalmente inscrito em uma das grandes famílias das ciências; tampouco pode ser inscrito mais na família das ciências sociais que na das ciências naturais, ou na das ciências mais que na das artes. Nômade e exogâmico por natureza, o saber do urbanista deve a essa posição uma perene dificuldade de definição do próprio estatuto e de seu próprio lugar na sociedade, mas a ela deve também seu fascínio e sua extraordinária atualidade.

Contribuíram para a sua formação, as práticas construtivas dos edifícios e suas infraestruturas, mas também as dos agrimensores, dos militares e do topógrafo; as práticas médicas, higiênicas e esportivas, bem como aquelas da polícia; as práticas agrárias bem como as jurídicas e da administração da justiça, as mercantis e as fiscais; contribuíram os ritos pelos quais a religião, as festividades e a sociabilidade das diversas épocas se expressaram; contribuíram mitos, superstições e falsas crenças relativas a lugares, aos artefatos e sua construção[3]. Tudo isso construiu um conjunto heterogêneo de tabus, de interditos e de normas implícitas que ainda permeiam, frequentemente de maneira não consciente, mas com grande inércia, os imaginários e os universos simbólicos coletivos. Mesmo nas sociedades como as ocidentais, nas quais o processo de modernização se desenvolveu com maior intensidade e por muito mais tempo, é difícil compreender – sem se

---

3. P. Sebillot, *Les travaux publics et les mines dans le traditions et les supertitions de tous les pays*.

dar conta dessa profundidade das crenças, das tradições e das práticas – os diferentes sistemas de compatibilidade e incompatibilidade que, ao longo do tempo, separaram e afastaram ou uniram e aproximaram entre si as diversas atividades, os diversos sujeitos e grupos sociais e culturais; é difícil entender o valor e o significado que diferentes lugares e monumentos assumiram e sua persistência ao longo do tempo.

Em diversos períodos, mas, sobretudo, entre os anos vinte e cinquenta do século xx, preocupado em poder apresentar-se com certo respeito e autoridade científica, o urbanismo procurou desembaraçar-se, ser laico como muitas outras ciências, esforçou-se para delimitar e para definir de maneira rigorosa o próprio objeto de estudo, procurou reduzir e codificar a própria linguagem e institucionalizar as práticas que tentava promover, modificar ou impedir. Foi um longo esforço para aperfeiçoar técnicas rigorosas de observação e de avaliação de fenômenos pertinentes; para transformar o estudo da cidade e do território em uma sequência codificada de operações repetíveis e comparáveis entre si; para poder definir e tornar estável uma gramática e uma sintaxe cognitiva e, também, para exprimir as próprias imagens do futuro em uma linguagem verbal e figurativa socialmente compreensível; para construir uma distância crítica entre imaginação e fantasia; para distinguir os imaginários coletivos daqueles individuais. Ao longo desse esforço, situado entre práticas artísticas e científicas, o urbanismo teve de se impor formas de autocontrole provavelmente desconhecidas em outras áreas disciplinares. Essas formas encontram sua expressão mais rigorosa no urbanismo dos anos situados entre as duas grandes guerras do século xx.

Nos cinquenta anos precedentes, grosso modo entre 1870 e 1914, entre a experiência parisiense de Haussmann e a de Berlage em Amsterdã, os urbanistas tentaram fixar e justificar as bases de sua prática em alguns textos que se tornaram fundamentais[4], em alguns cursos universitários (em Liverpool, 1909; em Birmingham, 1911; em Londres, 1914) e em algumas experiências de projeto que depois se tornaram referências obrigatórias. Promovendo uma numerosíssima série de conferências e congressos e organizando importantes exposições internacionais[5], contribuíram para a promulgação, nos diversos países ocidentais, de uma legislação urbanística cada vez mais sólida e eficaz. Com a publicação de revistas especializadas (*Town Planning Review*, 1910) e com a fundação de alguns institutos (Town Planning Institute, 1913; American Institute of Planners, 1917) começaram também a se reconhecer e a pretender serem reconhecidos como corpo profissional específico e elite intelectual. Desde o início, porém, essa eclética ala de "pioneiros", da qual fazem parte, em grande número, arquitetos e engenheiros, mas também biólogos e estudiosos das ciências naturais, juristas, economistas e economistas agrários, escritores, administradores e homens políticos, recupera e utiliza um grande número de tradições científicas e culturais[6].

No período imediatamente sucessivo, entre os anos vinte e cinquenta do século XX, o prestígio do urbanismo talvez tenha alcançado seu auge. O urbanismo está imerso em uma "aura" que o legitima, dando-lhe uma sempre maior autoridade. O urbanista, que começa a escrever a própria história[7], nutre uma grande confiança na eficácia

---

4. I. Cerdà, *Teoría general de la urbanización...*; R. Baumeister, *Stadterweiterungen in technischer...*; C. Sitte, *Der Städtebau nach...*; E. André, *L'art des jardins;* J. Stübben, *Der Städtebau;* E. Howard, *Tomorrow: A Peaceful...*; E. Hénard, *Études sur les transformations de Paris;* C. Gurlitt, *Über Baukunst;* R. Unwin, *Town Planning in Practice;* P. Geddes, *Cities in Evolution;* C. Gurlitt, *Handbuch des Städtebaues*.

5. W. Hegemann, *Der Städtebau nach den Ergebnissen...*; G. Piccinato, *La costruzione dell'urbanistica*.

6. M. Scott, *American City Planning since 1890;* G. Piccinato, op. cit.; D. Calabi, *Il "male" città: diagnosi e terapia;* A. Sutcliffe, *The Rise of Modern Urban Planning 1800-1914*.

7. P. Lavedan; J. Hugueney, *Histoire de l'urbanisme;* L. Mumford, *The Culture of Cities;* S. Giedion, *Space, Time and Architecture;* L. Mumford, *The City in History*.

da própria prática e do próprio saber, em particular na eficácia do plano e do projeto urbanístico, e propõe à sociedade, com a "Carta de Atenas" (1933), uma espécie de novo pacto, uma carta constitucional capaz de construir concretamente um futuro melhor para as cidades. A sociedade tem confiança no urbanismo. Alguns grandes planos – Nova York (1931), Amsterdã (1934), Londres (1945), Copenhagen (1950), Estocolmo (1952) – legitimam essa confiança.

Seguindo o exemplo de outras disciplinas, acumulando dívidas enormes em relação a elas e ampliando a própria curiosidade, no final desse período, parcial e progressivamente, o urbanismo se afastou do canteiro de obras da cidade, dos lugares onde a cidade se constrói e se modifica materialmente. Uma tendência que, de novo, não pode surpreender. Ao longo de toda a modernidade, isto é, do Renascimento em diante, desde quando, em meio a uma nova e mais articulada divisão do trabalho, os intelectuais assumem uma autonomia cada vez maior e um *status* mais reconhecível, a história de muitos grupos profissionais é a história de um afastamento progressivo de suas práticas discursivas do trabalho manual, do saber teórico daquele prático. Sobre as cinzas da ideia de um saber indiviso, essa tendência investiu todas as práticas e saberes modernos, dando lugar a subdivisões de uns e outros não totalmente coincidentes entre si. Hoje, cada prática remete a mais saberes e se constitui como conjunto de elementos de passagem de um aspecto teórico a outro, não necessariamente pertencente ao mesmo campo disciplinar, e cada teoria se constitui como passagem de uma prática para outra[8]. Nesse sentido, não há nada de surpreendente nem mesmo no caráter híbrido da prática e do saber do urbanista.

Cada vez mais distante do canteiro da cidade, o urbanista, que se tornou mais rigoroso em sua argumentação, arrisca, porém, perder o contato com os códigos da prá-

---

8. G. Deleuze, Gli intellettuali e il potere. Conversazione tra Michel Foucault e Gilles Deleuze, *L´Arc*, II.

tica e com as raízes profundamente imersas nas tradições; corre o risco de não conseguir nem mesmo reconhecê-los e, assim, também perder a capacidade de entender e julgar corretamente as principais modificações e transformações da cidade e do território. Talvez, dois exemplos possam esclarecer esse ponto. Ambos se referem às relações ambíguas e conflituosas que nossa época estabelece com o passado: por um lado, com o desejo de destruí-lo em nome do novo para que a contemporaneidade se explicite completamente; e, por outro lado, com a nostalgia de um passado no qual, e apenas nele, parece possível reconhecer as identidades individuais e coletivas. Ambos os exemplos mostram que indagar sobre a história das práticas construtivas ou, em outras palavras, indagar sobre uma das mais específicas raízes do urbanismo é tão útil para poder entender a história da cidade e do urbanismo quanto indagar sobre as histórias políticas, sociais, econômicas, dos saberes e ciências a ele externas. Porém, meus dois exemplos também estão relacionados com as dificuldades que o urbanismo contemporâneo encontra ao tentar entender e julgar corretamente as modificações mais recentes da história da cidade e do território.

O primeiro exemplo está relacionado com a história das técnicas construtivas e as periodizações que ela funda. A cidade antiga foi construída em condições de grande *déficit*: de poder, para a maior parte de sua população, e tecnológico, para grande parte de seus produtos. Os saberes e as técnicas disponíveis não permitiam fazer tudo o que se desejava e isso condicionou profundamente as formas arquitetônicas e de implantação. O medo em relação aos fenômenos naturais não muito conhecidos, a impossibilidade de usar grandes fontes de energia para o transporte, o soerguimento e o acabamento dos materiais, a necessidade de ter que se restringir a materiais locais como a madeira, a pedra ou o tijolo, limitavam a prática urbanística e construtiva. Invadir terrenos sujeitos a possíveis inundações, ocupar encostas pouco estáveis, cobrir grandes vãos, utilizar materiais de proveniências longínquas, elevá-los poucos metros do terreno, era uma operação de risco ou que requeria o emprego de grandes recursos, portanto, operação evitada ou restrita a eventos excepcionais, nos quais viriam representadas as principais formas de poder espiritual ou temporal da época: os pequenos centros dispostos sobre os picos e crestas das colinas, de qualquer forma, acima dos primeiros terraços fluviais, as poucas pontes sempre suspeitas de serem obra do diabo, os muros e as fortificações ou as grandes catedrais erigidas em defesa dos homens ou à glória de Deus, as salas destinadas aos banquetes e às festas dos poderosos[9]. Nessas condições, o saber construtivo constituiu-se, lenta e cumulativamente, por longo tempo, como tradição, como conjunto de operações transmitidas de geração em geração, porque sua confiabilidade havia sido comprovada. Amoldando-se em determinados grupos de profissões, a tradição construiu os próprios tabus e proibições; violá-los era ato socialmente reprovável. Uma tradição, porém, nunca permanece imóvel: acolhe ou rejeita o novo, submetendo-o sempre a diferentes avaliações de pertinência e eficácia. Por isso, a história das formas arquitetônicas é bem mais articulada e rica que aquela da cidade.

Entre Galileu e Cauchy, entre o século XVII e início do XIX, o saber construtivo se transforma em ciência das construções de ruas e pontes, das construções hidráulicas, edilícias e urbanas, e é confiado a um corpo de especialistas, os engenheiros, que se separam da cultura disseminada e, em pouco mais de um século, criam condições de *surplus* tecnológico opostas àquelas que caracterizaram a cidade antiga e, até então, a moderna. Nas "cidades de estado", autênticos laboratórios do urbanismo moderno, entre o final do século XVIII e início do século seguinte, em Le Havre, Rouen, Anversa, Comacchio e La Spezia, as condições de *surplus* tecnológico encontram sua expressão inicial e eficaz[10].

9. F. Braudel, *Civilisation matérielli, économie et capitalisme: XVe-XVIIIe siecle*; D. Roche, *Histoire des choses banales*; R. Sarti, *Vita di casa*.
10. P. Morachiello; G. Teyssot, *Nascita delle città di Stato*.

Na primeira metade do século xix, a técnica oferece possibilidades que superam as concretas demandas construtivas da cidade. O *surplus* tecnológico é utilizado para construir, em primeiro lugar, os novos monumentos, as estações ferroviárias, os teatros de ópera, os grandes mercados, as salas, os espaços e monumentos das grandes exposições e as grandes infraestruturas técnicas da cidade. A literatura e as artes visuais da época estão repletas delas. A Paris de Baudelaire, relida por Benjamin, é talvez o lugar onde essa história se desenrola com maior clareza. Somente na primeira metade do século xx, as novas condições técnicas impregnam e se difundem em toda a cidade e território, em uma progressiva "engenherização". A ênfase no novo, que caracteriza a modernidade e o progresso das técnicas construtivas, deslegitima então, rapidamente – muitas vezes para além do justificável –, tradições e saberes construtivos precedentes e isso, para o bem e para o mal, libera formas arquitetônicas e de implantação no espaço cultural heterogêneo, fragmentário e instável da cidade e do território contemporâneos.

O segundo exemplo, parcialmente relacionado ao primeiro, concerne ao tipo edilício. Muitos estudos históricos mostraram como um conjunto de limitações técnico-econômicas e de práticas de uso deram origem, ao longo do tempo, à fixação de alguns tipos fundamentais de espaço habitável e como esses tipos de base evoluíram ao longo do tempo, deformando-se em alguns casos até a completa dissolução[11]. É uma história que diz respeito não somente aos edifícios, mas também aos espaços abertos, à praça, à avenida, ao *parterre*, à rua, e às relações entre edifício e espaço aberto, o pórtico, o monastério, o *passage*. É uma história que se refere não somente aos objetos, mas também às ideias, aos modos de conceituá-los: a história do tipo é aquela de uma palavra permanentemente à espera de assumir um significado preciso por meio da sua inserção em

---

11. G. Caniggia; G. L. Maffei, *Lettura dell'edilizia di base*.

um lugar estratégico do discurso. Uma história muito sofisticada e complexa, que se articula de modo diverso nas diferentes situações locais; história nem sempre isenta da irrupção de importantes inovações, mas na qual, mesmo durante longuíssimos períodos, elementos técnico-econômicos, funcionais e simbólicos são conjugados e explicitados segundo modalidades estáveis, que evoluem muito lentamente, engendrando autênticas tradições. O século XIX tentou reduzi-las, fixando-as no vocabulário de uma grande unificação linguística. Se na implantação e no caráter distributivo de partes da cidade, e de edifícios nos centros antigos, ainda temos condições de reconhecer a implantação e as características distributivas da *domus* romana, da construção em renque medieval ou do palácio renascentista, é graças à inércia das formas que se depositaram com força nas paredes da cidade e no imaginário coletivo.

Para a maior parte dos urbanistas, até toda a primeira metade do século XX, o tipo edilício é um material urbano elementar, dotado, como o tijolo, de grande estabilidade formal e dimensional e componível em desenhos mais amplos pelos quais se destacam apenas alguns pontos excepcionais de articulação, alguns monumentos. Ainda na primeira metade do século XX, muitos urbanistas não consideram necessário indicar os tipos edilícios ou de espaço aberto com os quais deveria ser construída uma parte de cidade, não porque fossem indiferentes a esses aspectos, mas porque a posição e destinação da área, a geometria de seus traçados viários fundamentais e os limites volumétricos impostos são considerados mais que suficientes para indicar os materiais urbanos que realmente haveriam de ser usados. A sensação de homogeneidade e domesticidade que a cidade do século XIX ainda oferece na Paris haussmaniana, nas longas ruas de *row houses* londrinas, na Berlim *biedermeier*, na Viena *fin-de-siècle*, são, em grande parte, consequência do uso repetitivo, apesar de sujeito a contínuas oscilações, dos materiais de base fortemente tipificados.

Charles Rosen, pianista e historiador da música, escreveu em 1976 uma breve biografia sobre Arnold Schoenberg, na qual, usando uma metáfora arquitetônica, sustenta que a música, do Renascimento ao século XIX, isto é, ao longo de toda a modernidade, foi construída mediante a disposição e composição de grandes blocos de materiais pré-fabricados: "O que não faltou na música, entre Mozart e Schoenberg, foi precisamente a possibilidade de recorrer a esses grandes blocos de materiais pré-fabricados". "A partir do final do século XIX [...] seu emprego dá imediatamente origem ao pastiche"[12]. A música começa, com Schoenberg, Webern e Berg, a ser escrita "nota por nota".

A cidade também, entre o Renascimento e o século XIX, isto é, ao longo de toda a modernidade, se construiu através da disposição e composição de grandes blocos de materiais pré-fabricados, aperfeiçoados em uma longa história. No início do Quinhentos, os jardins do Belvedere de Bramante são, talvez, o primeiro grande exemplo disso.

O Belvedere, com os desníveis, o foro, o pátio, as escadarias, o jardim, as fontes, poderia ser um pedaço de cidade (e, de fato, a epígrafe sobre o muro externo e uma medalha comemorativa de Júlio II denominavam-no "rua"). A negação do valor autônomo de um objeto arquitetônico pontual, em nome da representação cênica global, e a valorização do espaço não coberto em si conferem-lhe, acentuado pelas dimensões, um valor idealmente urbano. Não por acaso, ele inaugura uma série de sistematizações espetaculares, não só de grandes palacetes e jardins, mas também de ambientes citadinos quinhentistas e barrocos[13].

Esses materiais conquistaram progressivamente o espaço urbano em uma contínua pesquisa de unidade visual, que vai de Júlio II a Sisto V, da cidade barroca e neoclássica até a do século XIX, e até períodos muito próximos de nós.

12. C. Rosen, *Schönberg*.
13. A. Bruschi, *Bramante*.

Os elementos dessa nova linguagem urbana, que procura contrapor-se à fragmentação e à aproximação paratática, da cidade medieval, são, durante toda a modernidade, "o 'traçado', que qualifica o vazio perspéctico e, em posição estratégica, o deslocamento de 'complexos edilícios emergentes' e qualificados".

No final do século XIX, a cidade moderna por excelência, Paris, aparecerá constituída, como a ópera setecentista e oitocentista, de árias e recitativos, de monumentos e construções seriadas, inseridos no interior dos traçados e da trama narrativa dos espaços da circulação e da rede dos parques. Após uma longa série de experimentos através do mundo ocidental, após contínuas reelaborações, o caminho parece concluído. A nova linguagem foi codificada e simplificada, mas, simultaneamente, impregnou todo o espaço urbano; depois de Haussmann, essa linguagem parece ter invadido cada mínimo detalhe, do meio-fio da calçada até as grelhas que circundam a base das árvores, às grades que delimitam os parques, aos lampiões das ruas, aos quiosques e às passarelas. Isso exprime uma ideia de ordem do espaço físico, econômico, social e das intenções que, ao fim, pretendem subordinar a si, num pastiche eclético, toda e qualquer identidade e especificidade.

Porém, exatamente naqueles anos, os urbanistas começaram a observar com incômodo a mutação da cidade: o *sprawl* urbano, a dispersão dos assentamentos nos territórios circunstantes, o esvaecer de uma relação compreensível entre o elemento construtivo e a cidade em seu conjunto. A cidade também começa a ser escrita "nota por nota". A praça, o *cours*, o passeio, o *boulevard*, o *square*, ou o *plein*, o *mall*, o *ring*, a *loggia**, o jardim, o pátio, o pórtico, o quiosque, o *passage*, o *closed* ou o *green* e o *public interior*, os

---

*. Edifício ou parte de edifício aberto em um ou mais lados, com cobertura sustentada por pilares ou colunas. Na Idade Média, ele era lugar de reuniões de pessoas que exerciam a mesma arte ou era lugar de mercado, *Il Grande Dizionario Garzanti della Língua Italiana*, 1987. (N. da T.).

materiais elaborados durante a longa pesquisa projetual havida entre o Renascimento e o século XIX, cada vez com mais dificuldade, tiveram êxito em construir conjuntos ordenados de fácil leitura e compreensão.

A primeira reação será a de agregá-los em materiais mais complexos, *groups of buildings*, onde se estabelecem novas regras lexicais, gramaticais e sintáticas; novas e ordenadas sequências funcionais e visuais; um retorno a Bramante e à complexidade dos jardins do Belvedere. Serão as diversas experiências da cidade-jardim, de Amsterdã Sul, dos superblocos da Viena Vermelha, os projetos demonstrativos das Siedlungen de Frankfurt e Berlim; Sunnyside Gardens, Radburn e os Greenbelt Cities nos Estados Unidos, os *neighbourhood units*, os *Grands Ensembles* franceses e os bairros de construção pública do pós-guerra italiano. Parece-me, aliás, poder dizer que, a partir das últimas décadas do século XIX, essa pesquisa se desenvolve ao longo de duas diretrizes principais, dando lugar a duas tradições de criação de projetos urbanos diferentes que, como é natural, se cruzam e se contaminam continuamente. A primeira é aquela que tem as próprias raízes na domesticidade da arquitetura anglo-saxônica, no movimento das Arts and Crafts, em Ruskin, Morris e Carpenter, em Unwin, Muthesius, Berlage, Abercrombie, Rasmussen, Taut, Stein e Gibberd. De maneira diversa e ainda que mediante inovações radicais, eles a construíram como busca de uma continuidade em relação aos aspectos mais substanciais do passado, como tentativa de acolher as novas exigências, por exemplo, a dilatação do espaço aberto e a consequente autonomia do objeto arquitetônico, sem perder a percepção do espaço urbano como algo narrativo, contínuo e regular[14]. A segunda diretriz, estimulada em parte pelas vanguardas literárias, musicais e das artes visuais das primeiras décadas do século XX, enfatiza a ruptura, aceita a fragmentação do real e a impossibilidade de reconstrução da unidade da

---

14. A. Secchi, *Composizione urbanistica*.

experiência[15]. A partir dos anos de 1920, com Malevitch, o movimento dadá, Van Doesburg e Van Eesteren, com os Ciam e, enfim, os situacionistas, ela se fará desconstrução elementar do espaço urbano, elementarismo* urbano, estudo mais detalhado da nota singular, dos materiais urbanos singulares, como experimentos de laboratório, como miniaturas ou cristais perfeitos participantes de um novo jogo linguístico, como elementos de uma composição espacial sustentada por novos princípios de ordem[16].

A escritura da cidade "nota por nota", como a escritura da música, coloca, de fato, problemas relevantes. Eles concernem às relações entre o elemento singular e o todo, entre o uno e o múltiplo. Seja para com o elemento singular, que põe o todo sobre um pano de fundo muito distante, seja um excesso de atenção para com a construção de um pano de fundo unitário no qual a multiplicidade dos elementos singulares se torna irrelevante, ambos não reconhecem a problemática das relações entre um e outro nível da realidade e, por isso correm o risco de anular o horizonte de sentido no qual o elemento consegue definir sua própria identidade, o próprio papel e a própria função específica: algo que faz parte da experiência difusa da cidade contemporânea do fim de século, mas que já havia sido percebido nos anos entre os dois conflitos mundiais. Os esforços extremos da imaginação urbanística, as três grandes utopias do século xx – a Ville Radieuse de Le Corbusier, as diversas experimentações da cidade soviética e Broadacre City de Wright – são tentativas, frequentemente incompreendidas ou mal-entendidas, de dar uma resposta a esse problema. No campo musical, isso tinha sido enfrentado tanto com a

---

15. M. Secchi. *Una violenta rottura*.

*. Elementarismo segundo Bernardo Secchi é uma ideia de cidade que deriva da química, isto é, uma operação de desconstrução: "o elementarismo urbano descompõe a complexidade dos territórios, reconhece os elementos constitutivos sem negar o caráter fragmentário e heterogêneo do espaço contemporâneo". Viganò, *La citta elementare*. (N. da T.)

16. P. Vigariò, *Materiali urbani* e *La città elementare*.

música serial de Schoenberg, quanto com a retomada neoclássica de Stravínski.

A utopia tem uma longa história no campo do urbanismo. "Verdade prematura" para Lamartine, "testemunha do estado íntimo de uma sociedade" para Lucien Febvre, "uma das possíveis formas de manifestação das inquietudes, das esperanças e das buscas de uma época e de um ambiente social" para Bronislaw Baczko; desde a Antiguidade grega a utopia é uma das mais peculiares expressões da crítica e da imaginação social na cultura ocidental. Desde o início da modernidade, a partir do escrito de Thomas Morus, que deu o nome a essa figura, a utopia é o modo pelo qual uma possível sociedade justa é conceituada e representada. Na maioria das vezes, o modo consiste na descrição de uma cidade e da sociedade que a habita. Encontramos tudo isso em Morus, na Cidade do Sol de Campanella, na Nova Atlântida de Bacon e nas numerosas utopias que se seguiram até nossos dias. Podíamos já encontrá-lo na *República* de Platão e, mesmo em uma versão diversa, nas Jerusaléns celestes e nas grandes estruturas conventuais do período medieval. A cidade torna-se, nos textos utópicos, figuração conceitual de um possível estado da sociedade. Inverter o sentido, pensar que o pensamento utópico seja expressão de um delirante determinismo ambiental, segundo o qual as formas da cidade podem, por conta própria, gerar uma sociedade justa, é profundamente equivocado, mesmo no plano da análise literária.

A exploração de uma possível diferença sempre constituiu a crítica mais potente do existente. É por isso que a utopia, longe de ser uma atitude evasiva, é sobretudo um extremo esforço da imaginação no sentido que apontei antes e que Putnam deu a esse termo, um esforço para dizer, com alguma precisão como a cidade de uma sociedade mais justa poderia ser conceituada; e para colocar sobre esse pano de fundo, e naquela perspectiva, cada elemento da cidade. Caso se observe de perto as pressões a que F. L. Wright foi submetido, no início dos anos 1930, para que propusesse um modelo de cidade que se contrapusesse – como expressão de um mundo livre, isto é, expressão do *american way-of-life* – às experiências soviéticas e à Ville Radieuse de Le Corbusier, caso se leia as principais teses expressas em forma de negação que acompanham a apresentação do projeto wrightiano, então não se pode ter dúvidas a respeito[17]. Mas seria equivocado considerar que, por isso, as utopias sejam somente representações de uma ideologia, na acepção vulgar do termo. Quando Le Corbusier, os arquitetos das cidades soviéticas ou F. L. Wright constroem seus projetos, eles trabalham em um nível conceitual diverso. Eles propõem, ainda que de modo diverso um do outro, os problemas que nascem de uma cidade escrita "nota por nota". Le Corbusier tenta organizar cada grupo fundamental de notas, os edifícios públicos, os direcionais, as residências, as pequenas indústrias e as grandes empresas, segundo princípios de implantação claros e específicos, segundo formas de composição urbana capazes de resolver os principais problemas relativos ao tráfego e ao *comfort*, ao sistema de compatibilidade e incompatibilidade entre as diversas práticas e atividades tal qual eram percebidas naqueles anos. Os arquitetos das cidades soviéticas estudam os modos e os espaços nos quais poderiam desenvolver-se as atividades e as relações sociais de um "novo homem", e os organizam em composições urbanas nas quais se exprime a tensão em relação a uma racionalidade absoluta, depurada de quaisquer resíduos da história. Wright estuda o tema da baixa densidade, dos níveis de densidade e distâncias recíprocas que ainda fazem, de um assentamento, uma cidade; um tema emergente em um país caracterizado por um forte individualismo e que se depara naqueles anos, com a era da difusão automobilística de massa. Em todas essas três utopias encontramos o tema do século, que é o da repetição e da diferença. A cidade é lugar onde se decide a diferença legítima, mas,

---

17. D. R. Johnson, *Frank Lloyd Wright versus America*.

sobretudo, se organiza a repetição, eventualmente, nas formas da variação sobre um tema, e isso pode vir a ser uma ocasião para reencontrar uma relação lógica entre um elemento isolado e o todo. Em Wright, a repetição torna-se ensejo para realizar o *american dream*, a *privacy* da casa unifamiliar com jardim; em Le Corbusier, a oportunidade para construir uma relação, radicalmente diferente do passado, entre o espaço aberto e o edificado, entre interno e externo, entre projeto do solo e projeto de arquitetura; nos arquitetos da cidade socialista, em um país há tempos bem mais pobre que os ocidentais, a ocasião para organizar a formação individual e a vida coletiva em volta de alguns equipamentos urbanos fundamentais. Mas as três utopias têm também antecedentes distintos. Le Corbusier parte – como muitos urbanistas e arquitetos europeus, como as artes visuais, musicais e a literatura das primeiras décadas do século – da crítica radical da cidade moderna em suas formas oitocentistas. Os arquitetos da cidade socialista partem de um programa de regeneração da sociedade e do indivíduo que tem raízes na crítica do sistema capitalista. Wright, que já havia começado e que, em seguida, continuará a construir pequenas porções de Broadacre, parte de experiências concretas, além de uma crítica da cidade grande. Entretanto, de modo invariavelmente paradoxal, em todas as três utopias o espaço coletivo dos equipamentos da sociabilidade é lugar da diferença, enquanto que o espaço privado da residência é lugar da repetição. Reencontraremos essa ideia, quando produção em série e individual são postas em uma recíproca relação lógica, nas reflexões de 1943 de Giedion sobre a nova monumentalidade[18] e, em 1970, nas reflexões de Pevsner sobre o tipo edificatório.

Esses esforços extremos da imaginação não ficaram isolados, pelo contrário, suas influências no urbanismo ocidental foram fortíssimas, porém, não no sentido da imi-

---

18. S. Giedion, Monumentalità vera e falsa, *Breviario di architettura*.

tação formal. Esses esforços tornaram-se, sobretudo, imensos depósitos conceituais aos quais os projetos das décadas seguintes recorreram muitas vezes até nossos dias. A passagem da cidade moderna à contemporânea não foi marcada por um único projeto de pesquisa univocamente enunciado. Os estudos históricos mais recentes colocaram cada vez mais em evidência as diversas correntes que, como tantas outras "modernas", permearam o século xx. Há projetos desconhecidos, elaborados por autores famosos, assim como há projetos e autores não famosos que são igualmente interessantes e importantes. O programa historiográfico de Gustave Lanson permanece evidentemente incompleto mesmo para o urbanismo. Um exemplo, entre muitos, pode talvez esclarecer esse ponto.

Entre 1934-1935, Maurice Braillard, então responsável pelo urbanismo de Genebra, prepara e em parte realiza um plano para a cidade. Nos anos imediatamente consecutivos estuda um plano para uma área mais vasta da cidade[19]. Observando-o à primeira vista, fica-se confuso. Uma malha ortogonal submetida à forma do território organiza, segundo um princípio de implantação substancialmente idêntico para toda a cidade, um único material edilício, uma barra de quatro-cinco andares, orientada ao longo do eixo solar, ou a ele ortogonal, e separada da rua por um pequeno jardim particular, pouco elevado em relação ao nível da rua e da calçada. Algumas "penetrantes verdes" de grande expressão, claramente definidas no plano de conjunto, interligam as áreas agrícolas, externas ao lago, às partes mais consolidadas da cidade; grandes áreas verdes coincidentes com parques e jardins pré-existentes interrompem a uniformidade do desenho.

Com sua figura abstrata, o plano mostra-se uma aplicação extrema, para não dizer extremista, dos princípios e materiais dos urbanistas que as vanguardas dos anos de

---

19. A. Léveillé, Genève. Plan directeur 1935. Maurice Brailard, *Archithèse*, 2, e 1935: il Piano direttore di Ginevra, *Urbanistica*, 89; E. Cogato Lanza, *L´urbanisme en devenir*.

1920 experimentaram nos bairros de Frankfurt, Berlim, Celle ou Zurique e que o próprio Braillard havia proposto para algumas partes de Genebra. Uma aplicação extrema que utiliza os mesmos materiais e os mesmos princípios de implantação para a cidade inteira, coisa muito rara naqueles anos. Um projeto que, por outro lado, não se limita a demonstrar com um exemplo o que poderia ser possível para o todo, como a maior parte das realizações das vanguardas do Movimento Moderno, mas que tem a ambição de propor uma nova forma de cidade, uma cidade contemporânea radicalmente diferente daquela até então conhecida. Sob este ponto de vista o plano de Braillard é muito mais radical que o coetâneo plano de Amsterdã de Van Eesteren.

Todos aqueles que estudaram esse plano puderam, no entanto, reconhecer como a grande abstração de sua figura corresponde a uma grande sutileza de tratamento das diferentes situações geradas pelo encontro entre as geometrias do plano e do território. A primeira mostra-se muito mais articulada do que se poderia suspeitar à primeira vista; a segunda torna-se ocasião e pretexto para afirmar o valor da experiência sensível, senão estética, dos lugares. Examinando mais de perto, o que se torna importante não é a uniformidade da malha, do princípio de implantação, do tipo edilício, mas os desvios, as inflexões a que cada um se submete ao deparar com a declividade do terreno, com sua ondulação e orientação, com os pontos cruciais da inevitável deformação geométrica da malha. Esse estudo revela a importância na construção do plano dos conceitos de repetição, de ritmo, de produção em série e de estrutura. As diferenças que o plano estabelece não são diferenças entre níveis qualitativos, isto é, entre "valores posicionais"*, que podem se traduzir em diferenças sociais. A repetição, o ritmo e a produção em série que marcam de modo evidente o plano, a malha ortogonal que a organiza e a estrutura,

---

*. No original *valori posicionali*, termo que se optou pela tradução literal com o fim de diferenciar de valores de localização, ver definição, p. 92. (N. da T.)

têm uma origem totalmente diferente, um outro valor e significado. Esses são, para o administrador socialista, imagem complexa e utopia social e é por isso que o plano de Braillard situa-se no mesmo nível teórico e qualitativo de outros projetos, de experiências e construções de novas partes da cidade ou de cidades novas do mesmo período: as *green-belt-towns* (Wright e Stein), Dessau (Hilberseimer), Sabaudia (Piccinato), algumas cidades nas colônias europeias, o *moschav* e o *kibutz* na Palestina e, naturalmente, as cidades soviéticas.

Esses projetos e essas realizações são provavelmente a última tentativa dos urbanistas e arquitetos ocidentais de pensar a cidade de modo unitário. Nesse contexto, obviamente, podemos ainda perceber outras coisas: as formulações dos primeiros funcionalistas, os *funkis* suecos, as imagens fortes derivadas do novo maquinismo e dos novos métodos de organização do trabalho, mas também a experiência do monumentalismo dos anos entre as duas guerras, em campos sociais e em situações políticas profundamente diferentes[20]. Desde então, no novo espaço dilatado da metrópole a visão unitária da cidade que acompanha a reflexão dos arquitetos ocidentais do Renascimento em diante parece impossível. Temas como o anacronismo, o inacabado, a obra aberta, tornam-se mais importantes e estimulantes.

Mas, então, podemos nos perguntar por qual motivo o urbanismo, a partir dos anos sessenta do século XX, perdeu progressivamente na Europa o prestígio obtido nos anos precedentes e por que esvaeceu não só a confiança que a sociedade havia lhe depositado, mas também aquela que lhe haviam depositado os próprios urbanistas[21].

As razões, como sempre, são muitas e atuaram nos diversos países ocidentais de modos diferentes. As principais, em ordem crescente de importância, me parecem ser: os urbanistas, o insucesso da reconstrução pós-bélica e, so-

---

20. B. Miller Lane, *Architecture and Politcs in Germany, 1918-1945*.
21. R. Koolhaas, What Ever Happened to Urbanism?, ANY *Magazine*, 9.

bretudo, o atraso com o qual foi compreendida por todos a passagem da cidade moderna à contemporânea.

Os urbanistas têm muitas responsabilidades: na procura de uma definição mais evidente do próprio lugar na sociedade, de um estatuto forte para a própria disciplina, de uma autonomia reconhecível do próprio campo disciplinar e, sobretudo, de uma cada vez mais excessiva institucionalização das práticas que promoviam; eles contribuíram fortemente para uma progressiva formalização burocrática do urbanismo, para uma absorção das práticas urbanísticas pelas administrativas, ligando-se cada vez mais a certas tradições jurídicas e técnico-administrativas e a uma concepção formal das relações sociais, isto é, a uma ideia normativa do fazer. Se hoje o urbanismo tem diferentes graus de legitimação e é prática diferenciada nos diversos países ocidentais, é também porque, em cada um, ele se tornou altamente devedor de determinadas tradições jurídico-administrativas, pelas quais foi quase absorvido. A criação de projetos urbanísticos, depois dos anos de 1960, tornou-se, em muitos países, incessante formulação, carente de imaginação, de novos textos normativos, redefinição contínua de procedimentos e aplicação passiva e banal de normas, frequentemente apartadas das práticas concretas de modificação da cidade e do território. Institucionalizar a prática urbanística, fazer com que ela se encontrasse com a tradição jurídico-administrativa, não implicava qualquer necessidade regressiva. Existem exemplos notáveis de total absorção da prática projetual no seio de uma organização técnico-administrativa e burocrata: Alphand no departamento das *promenades*, Deschamps no departamento do plano e Belgrand no das águas com Haussmann prefeito do Sena; Schumacher em Hamburgo; Dudok em Hilversum; Martin Wagner em Berlim; paralelamente, o departamento do Regional Plan de Nova York dirigido por Adams; aquele dirigido por Van Eesteren, Van Lohuizen e

Scheffer, para a construção do plano de Amsterdã; o London Council no pós-guerra inglês[22].

Naturalmente, tudo isso pode encontrar uma explicação, ainda que parcial. Desde o fim do século XVIII, portanto, em um período dominado pelas figuras da continuidade e regularidade, os urbanistas utilizaram tudo quanto fora necessário para garantir eficácia a todas as fases do projeto da cidade, fizeram de modo tal que texto e desenho, programa, memorial, projeto, orçamento, contrato e relatório contábil fossem confrontados de modo sistemático entre si e seus resultados, com os produtos e as partes de cidade que através deles seriam produzidas. O papel inicial das normas urbanísticas foi o de continuamente compatibilizar as regras escritas e desenhadas com os desvios que se verificam na produção concreta e vice-versa, transformando o projeto urbanístico de simples figuração de um futuro possível, em um dispositivo concreto para a gestão do canteiro da cidade[23].

Além disso, as experiências e as reflexões dos séculos sucessivos, a partir de meados do século XX, evidenciaram a necessidade – tanto mais forte quanto mais descentralizado o poder – não só de atribuir ao Estado, nas suas diversas articulações, a construção das principais infraestruturas e equipamentos e o fornecimento dos principais serviços, mas também de regular o comportamento dos diversos atores na transformação da cena urbana. De um lado, tem-se a reflexão sobre a economia dos bens públicos, sobre a natureza indivisível de alguns bens e serviços, sobre a impossibilidade de estabelecer, para alguns deles, os preços que correspondam aos custos de produção e que possam ser debitados ao consumidor na proporção do uso que deles se faz. De outro lado, está a reflexão dos economistas do bem-estar sobre os ótimos critérios de uma política distributiva de rendas em termos reais. Não se trata apenas de controlar a intensa especulação imobi-

---

22. *Rassegna*, n. 75.
23. P. Morachiello; G. Teyssot, *Nascita delle città di Stato*.

liária e fundiária que ciclicamente, pelo menos a partir do final do século XVIII, se desencadeia em toda cidade europeia[24], mas também – respaldado no rico aprendizado obtido no período entreguerras do século XX – de construir de maneira consistente e durável uma sociedade que consiga distribuir, de modo mais equânime, entre os diversos grupos sociais e os diversos indivíduos, os bens materiais e posicionais dos quais é constituída a cidade. As normas urbanísticas situam-se então entre duas vertentes: a tradicional, de adequação contínua e recíproca às regras escritas e desenhadas, destinada à produção concreta dos conjuntos de artefatos, e a da construção, por meio do controle e limitação das vantagens individuais, que derivam da mudança e da transformação da cidade, bem como das condições gerais, nas quais aquela adequação possa se dar de modo correto. Unindo-se a outros conjuntos de normas, aos regulamentos de polícia, às normas de higiene, àquelas relativas à regulação do tráfego e da circulação, ao comércio, ao desenvolvimento das diversas atividades produtivas, à prevenção dos riscos, à salvaguarda dos bens ou lugares considerados de particular valor e às normativas fiscais, as normas urbanísticas vêm conformar, em todos os lugares, no final do século XX, um *corpus* de dimensões vastíssimas.

Hoje, com alguma distância crítica, podemos reconhecer que muitas tentativas dos urbanistas nos meados do século XX – o aperfeiçoamento de novos materiais urbanos, a construção de novos bairros, de novas cidades e infraestruturas, a proposta de um sistema de planejamento, dotado de uma arquitetura efetivamente reconhecível e de normas de atuação detalhadas – não devem ser julgadas tão severamente quanto já os julgou a sociedade dos anos de 1960 e das décadas seguintes. A visita às cidades novas inglesas, aos tão criticados Grands Ensembles franceses, aos bairros

---

24. J. Perry Lewis, *Building Cycles and Britain's Growth*.

satélites de Estocolmo ou aos bairros da Ina-Casa* na Itália, deixa em aberto muitas interrogações acerca da justeza das acusações das quais os urbanistas têm sido objeto[25]. Alguns dos bairros fortemente criticados no período de sua construção, como o Onkel Toms Hutte, em Berlim, o Neubühl em Zurique, ou o QT8 em Milão, hoje, são muito procurados e é duvidoso que, se não fosse Robert Moses, com os seus programas de renovação urbana, suas rodovias urbanas e seus jardins, o Bronx teria hoje uma vida melhor.

O problema fundamental é que aqueles projetos e realizações tinham como destinatário uma sociedade pensada nos termos do início do século, isso, considerando o período 1914-1945, como um parênteses na linha principal da historia ocidental. As duas guerras mundiais, ao contrário, restituíram, do lado de cá e do lado de lá do Atlântico, uma sociedade profundamente diversa e em rápida transformação:

> Sob muitos aspectos aqueles que viveram essas transformações no lugar onde aconteceram, não compreenderam totalmente sua importância, à medida que a vivenciaram passo a passo ou a vivenciaram como transformações na vida individual, que, apesar de notáveis, nunca são concebidas como revoluções permanentes[26].

Mas, segundo minhas hipóteses, o principal responsável das hodiernas dificuldades do urbanismo é exatamente a falta de compreensão dessa passagem entre cidade moderna e cidade contemporânea.

---

*. Entidade que se ocupava em construir e gerir a construção de habitação popular na Itália. (N. da T.)
25. P. Di Biagi, *1949/1999. Cinquant'anni dal piano Ina-casa*.
26. E. J. Hobsbawm, *Age of Extremes*.

5. CIDADE MODERNA E CIDADE CONTEMPORÂNEA

O historiador inglês Eric J. Hobsbawm propôs denominar o período central do século XX, compreendido entre a primeira guerra mundial e o início dos anos noventa, de "breve século". Nenhum século obviamente exprime as próprias peculiaridades a partir do primeiro ano, nem deixa de fazê-lo no último. As do século XX desenrolam-se, segundo Hobsbawm, naquele relativamente breve período. Nessa mesma época, situam-se algumas das maiores experiências da cidade e do urbanismo ocidental: a experiência do movimento moderno, da construção da cidade soviética, da cidade do *New Deal* e das cidades das ditaduras europeias, a experiência das duas reconstruções pós-bélicas, da formação, em algumas regiões do mundo, de imensas megalópolis, e, na última parte desse período, finalmente, termina a transição da cidade moderna à cidade contemporânea, uma transição iniciada nas últimas décadas do século XIX.

Fora do mundo ocidental, algumas cidades cresceram desmesuradamente, propondo modelos, temas e problemas parcialmente diversos daqueles conhecidos da experiência europeia e norte-americana. Essas cidades tornaram-se, ao mesmo tempo, espantosas concentrações de pobreza e importantes novos centros da economia mundial. Em outras palavras, o século breve pode ser interpretado como uma longa, e muitas vezes difícil, transição de uma forma de cidade que só agora começamos a compreender, a moderna, à uma cidade, a contemporânea, cujos delineamentos mostram-se ainda incertos e indeterminados.

Há mais de um século o mundo ocidental nutre uma série de incertezas diante do projeto moderno. Percebidas inicialmente no mundo da literatura, das artes visuais e musicais, essas incertezas traduziram-se, durante o breve século, no conflito da civilização moderna[1], na doença da modernidade[2], na necessidade de prosseguir com o projeto incompleto[3] ou, ao contrário, na necessidade de abandonar, em chave neoconservadora ou anarcoestetizante, as premissas do Iluminismo[4], ou mesmo, de declarar o fim da modernidade[5]. É difícil a discussão sobre algo que direta ou indiretamente não corresponde a uma experiência comum.

Criticada muitas vezes por seus mais notáveis resultados – por exemplo, os resultados urbanísticos alcançados nas cidades do século XIX – a modernidade suscita hoje sentimentos de nostalgia, apresentando-se como um lugar seguro onde, para alguns, seria belo retornar; um lugar nem sempre e nem para todos, feliz, mas dotado, ao menos, de uma ordem própria e protegido do imprevisto. Por sua vez, o mundo contemporâneo, ainda que mais livre, para muitos, mostra-se confuso, dominado pelo caos, despro-

---

1. G. Simmel, *Der Konflikt der modernen Kultur. Ein Vortrag.*
2. S. Freud, *Das Unbehagen in der Kultur.*
3. J. Habermas, *Der philosophische Diskurs der Moderne.*
4. I. Berlin, *Four Essays on Liberty* e *The Crooked Timber of Humanity.*
5. J. F. Lyotard, *La condition postmoderne.*

vido de forma, incompreensível e imprevisível; por isso, causa de um novo e difuso mal-estar individual e coletivo[6].

Mesmo a ruptura mais violenta e radical nunca rompe todos os laços que ligam o antes e o depois, porém, muitas vezes é difícil, caso se procure precisão, dizer o que diferencia e o que interliga o antes e o depois. Dizer, por exemplo, correndo certo risco, o que se entende quando falamos da cidade moderna e o que se entende quando falamos de um tempo e de uma cidade contemporâneos, o que mudou e o que se conservou. Segundo uma concepção da história, pelo menos daquela que trata da cidade e do território como processo de seleção cumulativa, em que o presente é o resultado do depósito de uma longa série de práticas que levaram a destruir, modificar, conservar ou construir *ex novo* algo que antes nem podia ser imaginado, as passagens de uma época a outra, por exemplo, da cidade moderna à cidade contemporânea, nunca são improvisadas; cada forma desenvolvida contém, dentro de si, resquícios das formas precedentes.

Porém, a observação da cidade contemporânea me leva a dizer que o urbanismo contemporâneo é, e deve ser, em muitos e importantes aspectos, diverso daquele do passado. Do mesmo modo, penso poder afirmar que a cidade e o território contemporâneos são diferentes daqueles do passado e que essas diferenças são parte do resultado de consciente mudança das práticas empregadas. Se exploro essas diferenças, abstraindo delas o que é contingente e local, específico de um lugar, de um sujeito, de um momento ou de suas próprias interseções, cidade moderna e cidade contemporânea, urbanismo moderno e contemporâneo, parecem-me campos diferentes, ainda que profundamente interligados.

A cidade contemporânea não tem características idênticas em toda parte do mundo ocidental, e muito menos em toda parte do mundo; entretanto, a cidade moderna

---

6. Z. Bauman, *La società dell'incertezza*.

propõe temas e problemas que, em combinações diversas, são reencontrados em todo lugar e que, portanto, podem tornar-se objeto de reflexões gerais.

A literatura sobre a cidade contemporânea é imensa, mas as descrições tecnicamente pertinentes talvez não sejam assim tão numerosas como normalmente se pensa. A cidade contemporânea parece opor uma firme resistência à descrição, sobretudo se ela é feita sob as formas codificadas do urbanismo moderno. A partir da metade do século XIX mas, sobretudo, nas últimas décadas, principalmente o cinema, o trabalho dos fotógrafos e dos videoartistas, da artes visuais e da música, têm procurado recuperar algumas de suas mais disseminadas características visuais, táteis e sonoras, algumas das práticas sociais de que ela é investida e a própria efemeridade delas; são esses trabalhos que têm tentado mostrar-nos o quanto tudo isso, no fundo, se assemelha, seja em Pequim ou em qualquer cidade europeia.

Nas descrições dos urbanistas, sociólogos, antropólogos, etnólogos e economistas, foram utilizados termos geralmente dotados de grande amplitude semântica, como fragmento, heterogeneidade, descontinuidade, desordem, caos[7]. Graças ao poder evocativo e construtivo desses termos, a cidade contemporânea parece para muitos como um confuso amálgama de fragmentos heterogêneos, no qual não é possível reconhecer nenhuma regra de ordem, nenhum princípio de racionalidade que a faça inteligível. No entanto, como Henry Miller disse uma vez, confusão é uma palavra inventada para indicar uma ordem que não se compreende.

Quando se procurou descrições menos vagas, próximas daquilo que Jacques Bouveresse chama de "a vertigem

---

7. M. Berman, *All that is Solid Melts into Air*; D. Harvey, *The Condition of Postmodernity*; F. Jameson, *Postmodernism or the Cultural Logic of Late Capitalism*; J. Garreau, *Edge City*; A. J. Scott; E. W. Soja, *The City*; G. Amendola, *La città postmoderna*; G. Hise, *Magnetic Los Angeles*; G. Martinotti, *La dimensione metropolitana*.

da analogia", se recorreu frequentemente a imagens do jogo, do *puzzle*, do dominó, da machetaria, do *patchwork*, da hibridação, do *zapping*, da estratificação, dos *layers* que se sobrepõem e parcialmente se entrecruzam, do labirinto, do hipertexto, da rede, da figura fractal; do mesmo modo, foram utilizadas técnicas gráficas em que, fotogramas únicos ou em sequência se misturavam ao desenho, segundo uma técnica de montagem que denunciava explicitamente suas dívidas com o grandes mestres do cinema[8]. Todas essas imagens tentavam estabelecer uma ordem, mesmo que fraca, a um campo que é aparentemente desprovido dela, enfrentando novamente um dos mais importantes temas de toda a cultura ocidental: a relação entre o uno e o múltiplo.

Normalmente, procura-se ressaltar que a cidade se torna cada vez mais o lugar da diferença, acervo de minorias culturais, religiosas, linguísticas, étnicas, de níveis de renda, de estilos de vida, de arquiteturas e saberes que tendem a se isolar, mediante complexos processos de exclusão-inclusão, no interior de verdadeiros "subúrbios", enclaves ou "fortalezas", cidade temática[9], nos melhores casos, "vestígios de comunidade"[10], que emergem em um mar de isolamento em massa e que advém em um período no qual todo sujeito e toda atividade são cada vez mais fortemente atraídos em relação aos diversos aspectos da globalização. Com forte ênfase na dimensão local, aspectos análogos ao "vilarejo" e seu minúsculo centro antigo, como lugar onde se faz reconhecível a identidade de um grupo encontram-se, guardadas as devidas proporções, em Los Angeles, em Tóquio e em muitas pequenas cidades europeias contemporâneas.

Muitas vezes interpretada como dispersão caótica de coisas e pessoas, de práticas e de economias, a cidade

---

8. B. Tschumi, *The Manhattan Transcripts;* OMA, R. Koolhaas e B. Mau, *S, M, L, XL*.
9. G. Amendola, La città fortezza, *Quaderni di Sociologia*, n. 4.
10. A. Bagnasco, *Tracce di comunità*.

contemporânea, nas diversas escalas do espaço físico, social, econômico, institucional, político e cultural, caracteriza-se por um mesmo grau de fragmentação, produto de racionalidades múltiplas e legítimas, mas muitas vezes simplesmente encostadas umas às outras, atravessadas por limites não só invisíveis, como difíceis de superar. Os diversos elementos da cidade contemporânea – as suas dimensões, a distância recíproca, o período de construção, seus habitantes – mostram uma cidade despedaçada que, em diversos níveis, induz sua própria organização, a identidade e legibilidade da própria forma, por meio de um variado conjunto de estruturas que, em uma espécie de sincretismo popular, remete a princípios e modelos diversos.

Por isso, tanto a cidade contemporânea como a antiga é lugar privilegiado da mescla de pessoas e diversificação de atividades*, e da simultaneidade de casas e oficinas, de escritórios e lojas, de equipamentos públicos e privados, de linguagens arquitetônicas, de culturas, figuras sociais, técnicas produtivas, produtos. Partes da cidade, materiais urbanos e formas espaciais pertencentes a diversos períodos da história, figuras e técnicas do *Ancien Régime*, mesclam-se a materiais, formas, figuras e técnicas que anunciam aspectos do futuro; entre esses, embora não sempre, materiais, figuras, técnicas e formas da modernidade. Paradoxalmente, a cidade contemporânea é o lugar da não contemporaneidade, que nega o tempo linear, a sucessão ordenada de coisas, de acontecimentos e comportamentos dispostos ao longo da linha do progresso como foi imaginado pela cultura moderna. Na cidade contemporânea apresenta-se uma forma do tempo diversa daquele da cidade moderna. O que, na mescla de pessoas e diversificação de atividades da cidade contemporânea parece

---

*. No original *frammistione*, que quer dizer mistura de pessoas e coisas de diferentes níveis raciais, sociais, culturais e financeiros. Por sugestão do próprio autor, decidiu-se usar mescla de pessoas e diversificação de atividades. (N. da T.)

evidente é o anacronismo, "a violência do curso do tempo, de sua sucessão cronológica"[11].

A mescla de pessoas e a diversificação de atividades habituaram-nos a observar a cidade e o território com olho de arqueólogo; a compreender que os diversos estratos históricos, o centro antigo, a cidade moderna, sua periferia, a fragmentação e a dispersão da cidade contemporânea, mesclaram-se entre si como efeito de um movimento telúrico: aquilo que encontramos à superfície, não se pode dizer que seja o estrato mais recente, tampouco se pode dizer que o que encontramos após longa escavação seja o mais antigo[12].

Lugar de mescla e diversificação, a cidade contemporânea é por natureza instável; sede de mudanças contínuas que provocam formação de situações críticas e soluções transitórias dos problemas: casas que viram fábricas, fábricas que se transformam em teatros, escolas que viram casas, jardins que se tornam parques, ruas tranquilas que viram eixos de tráfego intenso. O fim da modernidade, como já o foi para a cidade antiga, é, ao mesmo tempo, obsolescência e desativação*, transformação e reutilização de muitas de suas partes: desativação de fábricas, de escolas e quartéis, de molhes, de ginásios esportivos, de estações e pátios ferroviários. Mescla, diversificação e obsolescência, sucedendo-se, destroem valores posicionais e continuamente propõem novos problemas culturais: quer digam respeito aos graus de tolerância, compatibilidade e incompatibilidade em relação ao outro, a suas práticas, a seus usos e atividades, aos ruídos, aos odores, quer se refiram às temporalidades sobrepostas e entrecruzadas.

Distanciar e separar: o grande paradigma sobre o qual, a partir do século XVIII, se construiu a cidade moderna; a ele

---

11. H. M. Enzensberger, *Zickzack: Aufsätze*.
12. A. Carandini, *Storie dalla terra*.
*. No original, *dismissione*, por sugestão do próprio autor, por se tratar de um fenômeno urbano específico, decidiu-se usar obsolescência e desativação. (N. da T.)

91

devemos a geografia dos cemitérios e dos matadores, dos hospitais e dos quartéis, das prisões, das fábricas e dos diversos tipos de residência; no começo do século XX, codificado na prática do *zoning*, esse paradigma consolidou na cidade um sistema de valores posicionais que, ao longo do tempo, foi representado, de modo mais ou menos transparente, nas características físicas e estéticas de suas diferentes partes e nos correspondentes valores fundiários.

Roy Harrod, um importante economista inglês, com alguma crueldade, denominava bens oligárquicos aqueles, cujo valor depende do número de pessoas que dele podem fazer uso ou dele se apropriar; o lugar privilegiado, a pequena baía à beira-mar, a habitação em determinados bairros ou ruas da cidade. Denominava bens democráticos aqueles que, ao contrário, têm um valor independente do número de pessoas que o utilizam, como a caneta esferográfica, o caderno ou o computador que uso para escrever. Então, para indicar, em termos mais neutros, que o valor de um bem ou de um serviço pode depender não só de sua raridade ou de seu custo de produção como de sua posição na sociedade ou na cidade, falamos de valores posicionais. Na cidade moderna, alcançara-se gradual e progressivamente certa coerência entre a forma urbana, o papel das diversas partes, a disposição das diversas atividades em seu interior e a distribuição dos valores posicionais. No centro, as atividades direcionais e comerciais de maior valor, as grandes instituições e a residência das classes mais abastadas; e, gradualmente, em direção à periferia, atividades menos raras e classes sociais menos ricas; na extrema periferia, fábricas, quartéis, manicômios e bairros populares. A pirâmide dos valores posicionais e estéticos espelhava a social.

Porém, a cidade contemporânea é lugar de contínua e tendencial destruição de valores posicionais, de progressiva uniformização e democratização do espaço urbano; de destruição de consolidados sistemas de valores simbólicos e monetários, de contínua formação de novos itinerários privilegiados, de novos lugares de comércio, de lazer, da comunicação e de interação social, de uma nova geografia de centralidades, de novos sistemas de intolerância, de compatibilidade e incompatibilidade. A instabilidade da cidade contemporânea, o contínuo deslocamento e reorganização das diversas atividades, a obsolescência e a desativação, os fenômenos de degradação e *filtering-down* aos quais dão origem, as ações de reutilização, recuperação e o *upgrading* que a eles eventualmente se seguem, as políticas de *gentrification* de partes limitadas e circunscritas da cidade nas quais ocorrem são, ao mesmo tempo, a causa e a expressão de uma contínua destruição-democratização-reconstrução dos valores posicionais e dos horizontes de sentido que se apresentam a nós sob a aparência do caos.

Mas a cidade é realmente um sistema caótico, um *zoom* que aumenta os menores desvios das trajetórias previsíveis. O passar do tempo revela a importância de desvios inicialmente mínimos; amplifica-os até fazê-los tão grandes que torna os fenômenos difíceis de prever com técnicas e segundo os *standards* tradicionais. Para que isso se verifique no sistema solar são necessários períodos de dezenas de milhões de anos, mas períodos muito mais breves para a cidade: mais demorados para seus aspectos naturais, mais breves para aqueles sociais; mais demorados para a cidade moderna, bem mais breves para aquela contemporânea; e podemos compreender as razões disso somente se percorrermos a história das respectivas morfologias sociais, das respectivas culturas e técnicas. O poder das tradições, das instituições, do dinheiro e das pessoas limitou no passado os desvios de direção; a secularização e a democratização os impulsionam. Não é, portanto, com a natureza caótica da cidade que devemos nos surpreender, mas com a nossa incapacidade ou impossibilidade de limitar qualquer tipo de desvio dentro de limites suficientemente restritos, durante períodos suficientemente longos. Uma situação diversa daquela imaginada pela modernidade.

Compreender a razão dessas mudanças e perceber seu alcance não é simples. Nelas estamos imersos e "as experimentamos passo a passo, ou então, como mudança da vida individual". A própria fragmentação das situações e das experiências não nos permite senão proceder por tentativas e por partes. Entretanto, muitas dessas mudanças têm suas raízes profundamente incrustadas na modernidade, ou, pelo menos, na sua última fase industrial. Para a cidade e suas mudanças, o século XX foi um "longo século".

Alguns dos mais evidentes aspectos visíveis da cidade contemporânea – fragmentação, heterogeneidade e dispersão – têm sido muitas vezes atribuídos às numerosas e sucessivas ondas de progresso técnico ocorridas no campo das comunicações e do transporte: seja do transporte dos corpos e da matéria, seja do tipo imaterial. Foi proposto, por exemplo, interpretar essas ondas longas segundo os termos dos ciclos de Kondratieff: o primeiro, na primeira metade do século XIX, vinculado à melhoria da rede viária e ao início do transporte ferroviário; o segundo, na segunda metade do mesmo século, relacionado ao pleno desenvolvimento das redes ferroviárias e do telégrafo; o terceiro, na primeira metade do século XX, ligado ao desenvolvimento rodoviário e ao rádio; o quarto, na segunda metade do século, ao desenvolvimento da eletrônica e da telemática e o quinto, que provavelmente se inicia agora, relacionado à convergência, desses desenvolvimentos tecnológicos, em complexas redes telemáticas e mecânicas[13]. Dito de modo sumário: automóvel, rádio e televisão, computadores e cartões de crédito, internet e telefones celulares, construindo uma vizinhança artificial e a simultaneidade de pessoas, de coisas e de acontecimentos, teriam destruído os vínculos e a própria ideia de proximidade que formavam a base da construção urbana e

---

13. P. Hall, *Megacities, World Cities and Global Cities*.

que, portanto, estariam na origem da passagem da cidade moderna à contemporânea.

Essa tese certamente tem a qualidade da simplicidade, mas o progresso nas técnicas de transporte e de comunicações talvez tenha um papel muito menos unívoco. O progresso das técnicas não é alheio aos movimentos que permearam as sociedades. Uma melhoria das técnicas de transporte libera desejos, demandas, conveniências com a condição que esses mesmos existam e conduzam as técnicas nessa mesma direção. Por muito tempo, como mostra uma consistente bibliografia de teorias da localização, a melhoria das técnicas de transporte foi considerada como a maior responsável pela concentração urbana e industrial, muito mais do que por sua dispersão; foi responsável pelo distanciamento das indústrias das fontes de matéria prima e por sua proximidade dos mercados; foi responsável pela destruição da pequena indústria local desenvolvida em muitas regiões na época pré-moderna e durante as primeiras fases da modernidade, e também pela ampliada diferença entre países ricos e países pobres. Durante períodos ainda mais longos, provavelmente devido a uma série de razões locais, grande parte da sociedade ocidental construiu espaços urbanos fortemente concentrados e introvertidos. Portanto, o que deve ser elucidado é a emergência dessa procura da condição dispersa que caracteriza nosso século.

Pode ser que os homens estejam ficando como os porcos-espinhos de Schopenhauer: quando o inverno é frio, os porcos-espinhos, procurando um pouco de calor, comprimem-se entre si, mas os espinhos de um espetam a carne do outro. Os porcos-espinhos então se afastam e sentem frio. Aproximando-se e afastando-se, e vice-versa, em sucessivas tentativas, ao fim, eles encontram uma distância adequada na qual não sentem nem muito frio, nem muita dor. A cidade contemporânea, cidade ainda instável, talvez esteja à procura da distância adequada. Mas isso, ainda não diz o que significa frio e o que significa dor. Um *excursus* através de quatro exemplos talvez possa esclarecer a importância das questões levantadas por essa indagação, como as reflexões e pesquisas que ela suscita.

Primeiro exemplo: na última parte da experiência moderna, a questão da habitação foi percebida e imaginada como uma questão agregada e unificadora. Nas grandes cidades industriais, fluxos migratórios, concentração urbana e falta de moradia construíam, por meio do grupo ou da classe social, à semelhança das razões da defesa dos homens e da natureza em épocas precedentes, um conjunto cuja continuidade horizontal compartilhada pelo grupo ou classe social, favorecia, seja a formação de solidariedades transversais, seja a busca de soluções tipificadas e repetitivas. Grande parte da cidade moderna foi construída pensando em um destinatário tipo: a família nuclear das sociedades urbano-industriais – um casal com dois, no máximo três, filhos. Pequenas variações na composição familiar, a presença de um membro pertencente a outra geração ou parentesco, eram consideradas exceções locais ou transitórias. A esse destinatário, imaginado frequentemente como família operária ou como pertencente à classe média (empregada ou liberal), e evocado como célula-base da organização social, o urbanismo procurara garantir a *privacy* de um alojamento tipo, célula fundamental da organização urbana, na qual a família poderia identificar-se e encontrar *comfort* e desempenho suficientemente elevados. O tema do *comfort* atravessa todo o século XIX, fazendo precipitar no espaço doméstico os resultados que os médicos, higienistas e engenheiros tinham obtido para a cidade como um todo[14].

> O século XIX [...] considerou o apartamento o invólucro do homem: ele o encaixou inteiramente com todos seus acessórios dentro do apartamento, de tal forma, que se acreditaria ver o interior de um estojo de compasso, com todas as peças do instrumento encravadas na cavidade de veludo, na maioria das vezes de cor vio-

---

14. N. Privileggio, *Sistemi di oggetti*.

leta. O século XX com seu gosto pela porosidade, pela transparência, pela luz plena e o ar livre pôs fim a esse modo de morar[15].

Nas primeiras décadas do século XX, influenciado pela imagem da máquina e da nova organização do trabalho, o tema se torna verdadeiro estudo sistemático do desempenho de cada elemento urbano e de sua agregação. A *Frankfurter Küchen* é seu exemplo mais conhecido, e não só o estudo sobre a orientação dos edifícios, hoje tão desprezado, como grande parte do funcionalismo e do *design* daqueles anos nasceu do mesmo programa. Em todo lugar, esse programa de pesquisa, inspirado em grande medida no reducionismo da época, deu origem à formulação de regulamentos edificatórios e de higiene cada vez mais detalhados e articulados, tentando, como no caso dos produtos industrializados, tornar operacionais conceitos vagos, isto é, suscetíveis a muitas interpretações, como *comfort* e desempenho. Fizeram parte do mesmo programa, as pesquisas orientadas no sentido de definir a frequência e os critérios de localização dos principais equipamentos coletivos, em função da densidade da população: creches por habitante, escolas primárias, igrejas, equipamentos esportivos, parques infantis, áreas verdes, estacionamentos, dimensões e características das seções viárias, das faixas lindeiras destinadas a mitigar e a compensar a poluição acústica e do ar, isto é, pelo menos uma parte do *comfort* e do desempenho da cidade[16]. Em alguns países, essas pesquisas, marcadas pela concepção naturalista das necessidades que mencionei acima, deram origem à fixação de alguns limites *standard* inderrogáveis.

Mas a família nuclear com sua hipertrofia afetiva, destinatária ideal desses programas de pesquisa e de transformações da cidade, desejadas e realizadas durante toda a última parte da modernidade, é, em grande

---

15. W. Benjamin, *Das Passagen-Werk*.
16. K. Lynch, *Site Planning*; K. Lynch; H. Hack, *Site Planning*.

parte, uma invenção da sociedade urbano-industrial, uma espécie de compensação pela perda dos lugares de sociabilidade da cidade pré-industrial. Até o fim do século XVIII, na sociedade do *Ancien Régime*, a formação do indivíduo dava-se em um campo de relações mais amplo que investia cultural, profissional e afetivamente toda ou, pelo menos, uma parte da sociedade[17]. Não é por acaso que no fim do século XVIII nasce o romance de formação. Em todos esses romances, do *Wilhelm Meister* de Goethe à *Educação Sentimental* de Flaubert, a formação do novo sujeito social dava-se fora do próprio lugar de nascimento e da sociedade de origem, na *Wanderung* romântica, através da experiência direta de outros lugares e outros campos sociais. A esse perigoso processo de autoformação, individualização e isolamento, a cultura conservadora do fim do século XIX dará o nome de "desenraizamento".

A família nuclear padrão desaparece da cidade contemporânea. Em alguns países como os Estados Unidos ou a Suécia ela representa menos de um quarto dos núcleos familiares. A ela juntaram-se outras formas de convivência: a pessoa jovem só, e, sobretudo, o idoso sozinho. Em muitas grandes cidades ocidentais, os *singles* constituem a metade dos núcleos familiares. Os *singles*, o casal sem filhos, o casal de idosos, constituem a grande maioria da população. Em algumas regiões europeias, por exemplo, em muitas regiões italianas, contemporaneamente, tornou-se frequente a "família extensa", uma espécie de grupo ampliado no qual convivem diversas gerações, diversos níveis de instrução, perfis profissionais, diferentes comportamentos em relação ao consumo e ao emprego do tempo e diversas culturas; família, na qual, sobretudo os jovens tendem a permanecer por um período muito mais longo que no passado[18]. A cada um desses grupos corresponde uma ideia diferente do espaço

---

17. Ph. Ariès, The Family and the City, *Daedalus*, 106.
18. P. Ginsborg, *L'Italia del tempo presente*.

habitado e de seu desempenho, diferente dos caminhos da socialização e dos lugares a ela destinados; uma ideia que muda durante o próprio ciclo de vida. Entre os anos de 1950 e 1980, nessas regiões, passa-se diretamente de uma sociedade de *Ancien Régime*, descrita em muitas obras ainda nos anos sessenta, à família extensa. Não é de estranhar que o casal com filhos pequenos, ou famílias extensas, deseje habitar em uma casa com jardim, imersa no verde, ou que os *singles* ou os casais jovens sem filhos, frequentemente tenham aspirações mais urbanas; que os idosos desejem permanecer no lugar onde construíram ao longo do tempo o próprio sistema de relações amigáveis e sociais. Isto é, não é de estranhar que a questão do onde e do como habitar não seja mais uma questão agregada que permeia, de modo homogêneo, toda a sociedade ou sua maioria. Nem é de estranhar que a mobilidade consentida pelo automóvel permita a muitas famílias adequar o próprio espaço de moradia à própria condição socioeconômica, ou seja, residir em áreas distantes do centro da cidade, em fragmentos de cidade dispersos pelo campo. O automóvel é o que permite isso, não é a causa.

Segundo exemplo: na cidade moderna, os principais equipamentos urbanos, cada vez mais, tornaram-se lugares especializados e exclusivos. O hospital é um lugar de alta especialização, uma "máquina de curar". Seu acesso é reservado aos profissionais e aos pacientes, as visitas dos parentes são submetidas a rígidos horários e controles. O mesmo acontece, guardadas as diferenças, com outros equipamentos, tais como: as escolas de todas as ordens e graus, os teatros, os ginásios esportivos, os estádios, as igrejas. Os equipamentos coletivos tornaram-se, assim, ilhas separadas do contexto urbano. Em muitos casos, mesmo sendo grandes polos de atração de públicos específicos, não são mais lugares centrais. O interior é separado do exterior por grades intransponíveis e por muros impenetráveis à visão; no próprio imaginário coletivo, a representação da cidade é profundamente diferente daquela desenhada por Nolli para Roma, em 1748. Mais uma vez, separar e distanciar.

Na cidade do *Ancien Régime* não era assim. O hospital de Santa Maria della Scala em Siena, orgulho da cidade toda – um dos primeiros grandes hospitais medievais como o Hospital degli Innnocenti de Florença ou o Hôpital St. Jean em Angers e o Hôtel-Dieu em Beaune – era lugar onde se encontravam os doentes, os médicos, os peregrinos, artistas e vagabundos, cujo comportamento nem sempre era aceitável. As catedrais góticas eram lugares de oração, mas também lugar de espetáculos nem sempre castos, de assembleias populares nem sempre pacíficas. Erigindo esses monumentos, com dimensões de ordem de grandeza diferente da edificação seriada, onde eram abrigadas as residências e as atividades cotidianas, a população daquelas cidades erigia também os lugares de sua própria sociabilidade. O que ainda hoje chamamos, graças à inércia da linguagem, equipamento coletivo, antes era verdadeiramente espaço público. Um espaço que se prolongava para o exterior do edifício, no átrio, na praça e no bairro, da mesma maneira que fora do edifício nasciam e se prolongavam algumas das práticas sociais de que ele foi investido: as procissões, os banquetes e as festas de carnaval[19]. Podemos ter, a partir disso, uma pálida, mas viva, imagem nas festas dos quarteirões sieneses, nas festas e procissões napolitanas e, em geral, nas festas e procissões das cidades mediterrâneas.

A partir do século XVII, o Estado e a ciência – que ora se constituem como nações soberanas, o primeiro, e como principal motor do progresso social, a segunda – não permitem que senão poucos setores da vida privada fujam a seu controle. Encontramos esse progressivo interesse do Estado pela vida do cidadão nas ciências e

---

19. M. Bakhtin, *Tvorcestvo Fransua Rable i Narodnaja Kultura sredneve-kov'ja i Renessansa*.

nas ordenanças de polícia, entendidas no século XVIII como conjunto de conhecimentos e instrumentos fundamentais para a promoção da civilização e da virtude pública. Mas também, o encontramos nos regulamentos edilícios e de higiene[20], na medicalização progressiva da sociedade, no surgimento da educação e da medicina como serviços públicos, na expansão da oferta de equipamentos e serviços públicos confiados a especialistas – garantidos e controlados pelo Estado – e na definição dos critérios administrativos de acesso a eles. Um decisivo passo à frente, no controle da esfera da vida privada, se dá a partir do século XVIII com a cada vez mais clara decomposição do espaço urbano e com a separação espacial dos postos de trabalho da residência e dos lugares onde se desenvolvem as outras práticas sociais. É a outra face da divisão do trabalho smithiana. A fábrica ou o escritório onde os trabalhadores passam a maior parte da própria jornada torna-se, para a maior parte da sociedade industrial, o verdadeiro lugar da integração social. Eles substituem a rua, o mercado e os lugares da sociabilidade tradicional. Esses dois movimentos têm como consequência uma autêntica revolução da afetividade; da afetividade difusa das sociedades do *Ancien Régime* se passa gradualmente a uma afetividade de casal, familiar. Caso se escrevesse, como fazia Borges, uma breve história da intimidade, esses movimentos, amplamente tratados pela literatura do século XIX, talvez se mostrassem de modo muito mais claro. Ao separar e distanciar, nomear e distinguir, os diversos materiais urbanos, a cidade moderna torna-se um imenso dispositivo de regulação também da vida dos seus habitantes, de suas relações com o próprio corpo, de suas relações recíprocas e com o espaço e o tempo. De início, encontramos Bentham e a ideia do *panopticon* (1786), da visibilidade

---

20. R. Schoenwald, Training Urban Mind: A Hypothesis about the Sanitary Movement, em H. J. Dyos; M. Wolff (orgs.), *The Victorian City*.

e da transparência, no entanto seria injusto pensar a cidade moderna como cárcere. "Um medo obcecou a segunda metade do século XVIII. O espaço escuro, a cortina de obscuridade que se põe como obstáculo à total visibilidade das coisas, das pessoas, da verdade"[21]. A esse medo devemos a grande aventura do Iluminismo, as enquetes, da primeira metade do século seguinte, sobre as condições da população e da classe operária na cidade da revolução industrial, o surgimento do higienismo, a ideia moderna de uma casa e de uma cidade sem cheiros e lavável e a difundida pretensão de uma cidade que funcione, garantindo determinados desempenhos: isto é, a ele devemos grande parte dos desenvolvimentos do urbanismo moderno.

A cidade contemporânea substituiu os lugares tradicionais da sociabilidade por outros lugares ainda em vias de progressiva definição funcional e formal. Os *shopping malls* são seu exemplo mais evidente, mas o cinema, os estádios, os aeroportos, as discotecas, o ginásio de esportes, os parques de diversão, as praias em determinados períodos do ano, os lugares onde ocorrem reuniões esporádicas e circunstanciais para um concerto ou para uma manifestação política e suas diversas combinações, são outros exemplos. Lugares esses, onde muito frequentemente se encontra uma certa nostalgia pelas características do passado, e seria equivocado interpretá-los apenas em termos formais e superficiais: no espaço pedestrianizado e climatizado do *shopping mall,* organizado como o centro antigo de uma pequena cidade europeia, ou como sequência de *passages* de uma cidade moderna, com as ruas estreitas ladeadas de pequenas vitrines, as praças, o jardim interno, os terraços, os *skyways* que conjugam um *shopping mall* ao outro através de um

---

21. M. Foucault, L'occhio del potere, introdução a J. Bentham, *Panopticon*.

ambiente com temperatura constante, não se tem só a evocação de uma imagem, mas também a preocupação com o desempenho do espaço urbano, com a organização de um conjunto de atores e de um setor inteiro de atividade[22]. Esses novos equipamentos urbanos, em geral, não encontraram espaço dentro da cidade existente e seu sistema de compatibilidade e incompatibilidade: o *shopping mall* requer muito espaço para o estacionamento, a discoteca faz muito barulho, as dimensões crescentes do aeroporto não só o distanciam cada vez mais da cidade, mas ao fazerem isso obrigam a prever que o espaço aeroportuário ofereça, a quem deva passar lá certo tempo, um conjunto de atrações que lhe torne a espera confortável. Por isso, graças à mobilidade permitida pelo automóvel e pelas novas técnicas de transporte coletivo, embora não por sua causa, os novos equipamentos, comportando hotéis, salas de congresso, ginásios e equipamentos esportivos – isto é, à semelhança da mescla, diversificação e articulação da cidade antiga – acabam dispersos em um território cada vez mais imaginado como um grande *campus*, um parque de objetos e fragmentos da cidade, isolados e livremente dispostos no verde. Na cidade contemporânea tudo se tornou parque: parque tecnológico, parque de diversões, parque de escritórios, parque temático[23].

O terceiro exemplo se refere à enorme expansão, na cidade do século XX, do espaço aberto e, em particular, do espaço aberto público. Uma das mais relevantes diferenças entre a cidade do passado e a cidade contemporânea está nas respectivas "relações de cobertura"*; um

---

22. M. Crawford, The World in a Shopping Mall, em M. Sorkin (org.), *Variations on a Theme Park*.
23. M. Sorkin (org.), *Variations on a Theme Park*.
*. No original, *rapporti di copertura*, que vem a ser a relação entre a área de terreno e a projeção da área construída coberta, expressa segundo parâmetros quantitativos (entre nós, quando referido ao lote, vem designado como taxa de ocupação) ou esquemas gráficos do tipo "fundo-figura". (N. da T.)

ponto que tem sido constantemente evidenciado pelos urbanistas do século xx. Entre os anos vinte e quarenta tornou-se habitual ilustrar o programa do novo urbanismo, mostrando, em primeiro lugar, as diferenças que ele estabelece em relação à cidade do passado, em particular com aquela do século xix, em termos de relação de cobertura. Corbusier o faz para Paris na oitava prancha da Ville Radieuse, Clarence Stein o faz para os *blocks* de Nova York, ilustrando o projeto de Sunnyside. Quem quer que hoje confronte a planta de uma parte da cidade construída no século xx, com a de uma parte da cidade oitocentista ou de períodos precedentes, não pode deixar de notar a radical diferença entre as relações de cobertura decorrente de uma impressionante expansão do espaço aberto, na cidade do século xx. A relação de cobertura obviamente diz muito pouco quanto à densidade das populações e das atividades que se implantam em uma determinada porção do solo urbano, mas diz muito a respeito de outros aspectos: por exemplo, quanto às relações entre os diversos objetos e espaços arquitetônicos, entre as diferentes práticas sociais de que são investidos, entre os diferentes atores da transformação urbana. Diminuir as relações de cobertura, aumentar a relação entre a extensão do espaço aberto e do edificado significava, para os urbanistas do período entreguerras, liberar-se da subdivisão da propriedade como fator condicionante do desenho urbano[24]; significava, portanto, permitir-se uma maior liberdade compositiva. Mas significava também colocar em um nível pertinente o problema das distâncias entre os diferentes objetos arquitetônicos, das dimensões e da forma dos espaços abertos, de sua articulação funcional e figurativa. Significava, poder ter em maior consideração as exigências higiênicas, a orientação dos edifícios, sua aeração e iluminação, sua vista para a paisagem circundante;

---

24. H. Bernoulli, *La città e il suolo urbano*.

significava ter uma maior atenção para a intimidade e para *privacy* individual e familiar, significava eliminar o emaranhado de edifícios, atividades e sujeitos, significava enfim, permitir melhor dotar a cidade em termos de equipamentos e infraestrutura. No clima de exaltação da prática esportiva da primeira metade do século XX, isso era também o indicador de uma relação diversa com o corpo, do progressivo distanciamento de outros indivíduos, indicação de intolerância em relação aos odores e ruídos da cidade do *Ancien Régime* bem como àqueles ligados à aglomeração da cidade industrial. Tudo isso foi representado nos diversos movimentos que constituíram o breve século.

Mas, dentro de um espaço mais dilatado, o objeto arquitetônico assumiu uma autonomia técnica e formal que antes era desconhecida; uma liberdade que destruiu gramáticas e sintaxes, hierarquias e ordens precedentes; uma liberdade que sobretudo se opôs à unificação linguística da cidade oitocentista[25]. O fragmento operou por muito tempo na modernidade, produzindo uma série de importantes contradições. A fragmentação e a heterogeneidade da cidade contemporânea também são o resultado de um movimento de liberação, para o qual o urbanismo do século XX deu uma forte contribuição.

O quarto exemplo se refere às consequências da obsolescência e da desativação de lugares, edifícios e indústrias. A obsolescência e a desativação pertencem à história da cidade, seja como fenômeno contínuo de substituição, seja como abandono repentino que inesperadamente muda a geografia urbana. Quando, na época napoleônica, muitos conventos e edifícios religiosos foram forçosamente esvaziados, quartéis, escolas, hospitais, cadeias, bibliotecas, museus e repartições públicas os ocuparam, construindo, com a cidade e com o entorno imediato, relações diversas das originais. Espaços

---

25. E. Kaufmann, *Von Ledoux bis Le Corbusier*.

de clausura foram abertos ao público enquanto espaços públicos foram fechados. Grande parte da cidade medieval foi construída sobre lugares, entre edifícios e dentro de espaços obsoletos e desativados da antiga cidade clássica, recuperando os materiais, contaminado-os com novas práticas sociais. A obsolescência e a desativação não implicam apenas uma mudança da distribuição das atividades dentro do espaço urbano. Indicadoras de uma impossibilidade, a obsolescência e a desativação frequentemente implicam mudança de escalas e de relações espaciais[26].

A partir dos anos de 1970 essa impossibilidade assume as formas de obsolescência e desativação de uma importante parte do capital fixo social urbano, construído, sobretudo entre o fim do século XVIII e a primeira metade do XX, ou seja a da desativação de uma importante série de grandes fábricas, situadas nas maiores áreas urbanas e a da recente desativação de edifícios antigos que haviam abrigado alguns importantes equipamentos da cidade moderna, que agora procuram espaços mais amplos para melhor organizar o próprio ciclo produtivo e para oferecer maiores facilidades de estacionamento aos carros dos próprios empregados. Cais de portos, estações e pátios ferroviários, indústrias têxteis e siderúrgicas, usinas de açúcar, fábricas de cerveja e estaleiros, penitenciárias, quartéis e escolas, em uma sequência que parece incontrolável, fecham e são abandonadas. Vez ou outra, em razão das novas técnicas de comunicação, a atividade desterritorializa-se, dissolve-se, como uma nuvem, em razão das novas técnicas de comunicação, dispersando-se em uma miríade de lugares e de terminais que utilizam infraestruturas em grande parte imateriais; em outras ocasiões, se desloca para diversas partes do mundo, deixando para trás uma classe operária velha e desmotivada, da qual

26. L. Benevolo, *La città nella storia d'Europa*.

apenas uma parte consegue inserir-se em outros setores produtivos; às vezes, no entanto, a atividade apenas se transfere para novos edifícios localizados ou na mesma cidade, modificando-lhe a geografia funcional ou simbólica, ou, sobretudo, na "cidade difusa".

A fábrica foi, por pelo menos dois séculos, o principal lugar de socialização de grande parte da população urbana, de construção de estilos de vida e comportamentos comuns. A vida da classe operária e também de grande parte dos setores da classe média baixa era necessariamente pública, porque o espaço privado era insuficiente. Qualquer forma de lazer, mesmo para as donas de casa e seus filhos, desenvolvia-se em espaços públicos e abertos; a festa, o jogo, a excursão, a colônia de férias, a reunião política, o "passeio". Nesse clima não só se construíram fortes laços de solidariedade, mas cada desejo e aspiração permeava homogeneamente toda uma parte, bem vasta, da sociedade. Sob muitos aspectos, essa consciente coesão operária e social atingiu o ápice, nos velhos países desenvolvidos, ao fim da Segunda Guerra Mundial[27]. A obsolescência e a desativação embaralharam as cartas, desagregando o corpo compacto da classe operária e, de certa maneira, também o dos segmentos médios: privando-os das referências espaciais e temporais tradicionais, essa obsolescência e essa desativação os dispersaram entre um vasto número de atividades, de iniciativas e de lugares. No período caracterizado como "crepúsculo do futuro", e na ausência de outros lugares de socialização, isso deu origem a uma progressiva privatização do próprio estilo de vida, a uma crescente competitividade entre minorias que utilizam todo recurso humano, econômico e político para obter garantias no que diz respeito aos próprios *standards* de bem-estar. A cidade contemporânea tornou-se a sede de uma inumerável série de

---

27. E. J. Hobsbawm, *Age of Extremes*.

microconflitos. As políticas urbanas tornaram-se campo de negociações políticas, cuja direção e resultado não são claramente identificáveis.

A obsolescência e a desativação de grandes implantações industriais, a consequente desindustrialização de vastas áreas urbanas e a obsolescência e a desativação de grande parte de seus equipamentos e infraestruturas receberam diversas e parciais explicações. As principais são certamente encontradas nas evoluções da economia internacional, das técnicas e das formas de organização da produção. Mas a cidade e o território não foram apenas lugar passivo da crise e da reconversão produtiva das sétima e oitava décadas do século xx, como provavelmente não o serão nas décadas futuras. Por volta dos anos de 1960, em alguns países ocidentais começa a se manifestar uma grave crise fiscal e financeira das maiores cidades, uma crise que ameaça seu futuro. A mais importante e conhecida foi, naqueles anos, a de Nova York: suas infraestruturas, a rede do metrô, os parques e os espaços públicos estavam despedaçados. As receitas das administrações não conseguiam mais cobrir os custos de produção dos serviços, pressionados por uma crescente demanda por parte de uma população ainda em crescimento. A cidade começava a ser um mecanismo extremamente custoso para garantir o processo de reprodução social ou, ao menos, de reprodução da força de trabalho empregada. Logo depois, todas as maiores cidades ocidentais estariam sujeitas a uma crise que se manifestaria sob as formas de um fortíssimo conflito entre as maiores classes sociais, e a indústria tomará outros rumos: quais sejam, os da descentralização em países e regiões menos desenvolvidos e urbanizados, da dispersão em empresas de pequeno porte, disseminadas em territórios que não são nem cidade nem campo, ou da desterritorialização. Em vastas regiões do mundo ocidental a dispersão tem essa mesma origem. Parece-me que se pode também dizer que, nos diversos países europeus, a dispersão foi tanto maior quanto menos coerente e forte foi a resposta a esse momento de crise da cidade.

As consequências sobre a mobilidade das quatro mudanças acima referidas, foram enormes, por exemplo, mudaram-lhe a estrutura, o modo de funcionar, as relações com a constituição física do espaço urbano e com sua estética. No intervalo de algumas décadas de forte crescimento geral da mobilidade, os deslocamentos sistemáticos entre as constantes origens e destinos, diminuíram em termos relativos e, aumentaram aqueles não sistemáticos de origem e destino em contínua variação; diminuíram, sempre em termos relativos, os deslocamentos casa-trabalho e aumentaram aqueles gerados por motivos diversos, entre as quais prevalecem aqueles ligados ao consumo e ao lazer; diminuíram, em termos relativos, os deslocamentos nos dias de trabalho e aumentaram aqueles nos dias festivos ou no fim de semana; diminuíram aqueles feitos pelas populações adultas e aumentaram aqueles realizados pelas populações jovens; diminuíram aqueles feitos durante dia e aumentaram aqueles feitos durante a noite; diminuíram aqueles em direção aos centros maiores e aumentaram, sempre em termos relativos, aqueles cuja origem e destino são externos ao centro urbano; diminuíram em termos relativos aqueles feitos por automóvel particular e aumentaram aqueles feitos por trem para o transportes de mercadorias.

Os movimentos sistemáticos casa-trabalho, que, como um pêndulo, marcavam o tempo da cidade industrial moderna, foram progressivamente substituídos por uma dispersão caótica de movimentos entre origem e destinos dispersos, feitos por sujeitos muito diferentes entre si, com metas e em horários igualmente variados. Na medida em que uma parte sempre maior dos movimentos é feita em automóveis ou trens, surge a ideia de que esses meios de transporte estão na origem das mudanças das características da cidade e do território, em particular no que se refere à crescente dispersão dos assentamentos. Mas a resposta a essas mudanças, mesmo que esteja apenas no campo da mobilidade automobilística, muito provavelmente foi conceituada de modo inadequado.

Entre os séculos XVIII e XIX, por exemplo, associado a um forte progresso tecnológico foi feito um enorme investimento para a construção de infraestruturas urbanas, ruas, pontes, fossas, aquedutos, estações ferroviárias, cais de portos, estações de bombeamento e de tratamento da água. Grande parte da pesquisa e da experiência dos engenheiros é ligada a esse investimento que guiou o progresso tecnológico e o imaginário do período. No fim do século, o navio a vapor e o telégrafo, o canal de Suez e o túnel de Frejus tornaram-se os ícones do progresso. A cidade contemporânea destina uma cota muito menor dos próprios recursos aos equipamentos e infraestruturas da cidade, não os considerando mais objetos da pesquisa e do avanço da técnica, deixando-os a reboque do progresso técnico que se produz em outros lugares e, obviamente, no imaginário coletivo, ela passou a ocupar uma posição marginal e estritamente utilitarista.

Quando se examinam os problemas da mobilidade, tanto de pessoas como de coisas, a figura à qual durante toda a modernidade, ao menos implicitamente, se recorreu com frequência foi a figura hidráulica, muitas vezes segundo uma peculiar conotação corporal. O tráfego é conceituado como um fluxo que, de origens diversas, flui sistematicamente para as grandes áreas produtivas e, sobretudo, para o centro da cidade. Seus milhares de cursos são canalizados em coletores sempre mais largos que, como vasos capilares, veias e artérias, asseguram a circulação dentro do corpo da cidade. Anéis viários e canais de evasão são feitos de modo que sobrecarregamentos imprevistos e fluxos não endereçados à cidade não provoquem congestionamento. A rua é conceituada como um canal a céu aberto; se esse é afetado por uma sobrecarga não prevista, pode se transformar em um duto sob pressão. Espera-se que os canais garantam um movimento regular; espera-se, portanto, que tenham dimensões físicas suficientes para garantir uma capacidade de carregamento, isto é, volume de tráfego e velocidade média, aceitável. Outras questões, relativas ao movimento dos fluidos nos dutos e canais aperfeiçoam a analogia. O movimento poderá ser mais ou menos variado de acordo com a preponderância dos períodos. Na cidade moderna, por exemplo, o centro da cidade, sede das atividades direcionais e comerciais, toda manhã atrai fluxo intenso que, à semelhança de um coração com seu ritmo pulsante, reflui à noite para os bairros residenciais. O fluido constituído pelo tráfego pode ser menos ou mais compressível, a viscosidade mais ou menos relevante, as perdas ao longo do percurso, mais ou menos contínuas ou acidentais, a rugosidade das paredes mais ou menos sensível de acordo com as características físicas e materiais da rua e a disposição de suas faixas laterais: tudo isso terá influência sobre o caráter regular ou turbulento do fluxo. Todo mundo já experimentou sair de um cinema, de um estádio ou de uma igreja e pôde constatar que, por aquelas portas, batalhões ordenados a passo de marcha teriam passado muito mais rapidamente, enquanto o movimento caótico, produzido pelos espectadores, retarda a passagem. Grosso modo, essa é a diferença entre um movimento regular e um movimento turbulento.

Não é por acaso que o problema da mobilidade sistemática da cidade e do território modernos tenha sido conceituado em termos de modelos hidráulicos relativamente simples. A experiência, realizada durante os últimos dois séculos com as redes dos aquedutos e com a rede dos esgotos, com os canais de irrigação e de saneamento, com o controle das enchentes e da maré, contribuiu para isso. Nesses modelos, sempre comparece um certo número de parâmetros, cujos valores numéricos derivam de uma quantidade enorme de experiências conduzidas em condições substancialmente análogas. Nas palavras de Kuhn, são esses modelos que permitem relacionar os enunciados teóricos com as situações às quais são aplicados, produzindo previsões expressas, em forma numérica ou em outra forma[28]. É por isso que uma parte da pesquisa das últimas décadas, nos países mais avançados, procurou construir tais séries de parâmetros análogos também para a hidráulica do tráfego.

Mas, em muitos territórios e cidades contemporâneas, o problema da mobilidade não parece poder ser mais concebido unicamente em termos de redes de canais. A mobilidade, em algumas partes da cidade e do território, se dá por percolação, como no interior de uma esponja, que remete muito mais à hidráulica dos corpos filtrantes que àquela de uma rede de tubos hierarquicamente ordenados. Dispersão dos assentamentos e desmaterialização de muitos serviços tornam essas áreas sempre mais vastas e eficientes.

Para propagar um fluido não necessariamente devemos recorrer a um tubo, podemos fazê-lo passar, por percolação, através de uma esponja. Podemos imaginar tubos e esponjas com capacidade semelhante: o tempo efetivamente empregado por um mesmo volume para passar de um extremo a outro do tubo, ou de uma face à outra da esponja, depende da turbulência no interior do tubo e da porosidade da esponja. O que intuímos é que o tubo tem uma entrada e uma saída, a esponja tem superfícies de entrada e saída. A esponja é um sistema que, dentro de certos limites, se autorregula; se um vaso se obstrui, o fluido procura um caminho alternativo; o tubo se bloqueia, os eventos que reduzem sua capacidade são muito frequentes, como sabem as pessoas

---

28. T. S. Kuhn, *The Essential Tension*.

que tenham viajado em rodovias. A esponja tem uma capacidade difusa de absorção, pode acomodar uma certa quantidade de fluido por um certo tempo no seu interior, e depois restituí-lo; o tubo não, ele pode apenas perdê-la. Tudo isso corresponde à nossa experiência cotidiana. Estudar as condições nas quais é mais conveniente a esponja em relação ao tubo não é simples; não se pode reduzi-la a uma simples analogia. Com efeito, carecemos de modelos de simulação e estudos da percolação eficientes. De forma mais geral, precisamos de modelos que nos permitam estudar o problema da mobilidade de modo suficientemente aprofundado. Limitado pelos lugares comuns de sua versão mais ingênua, o urbanismo, nas últimas décadas, procedeu às cegas por tentativa e erro, projetando infraestruturas que nem sempre deram os resultados esperados.

Entretanto, os grandes canais da mobilidade, ferrovias sobrelevadas e subterrâneas, feixes de ruas e de viadutos, eixos equipados, associados a estacionamentos, transformaram de modo evidente as relações espaciais e estéticas da cidade: construindo barreiras intransponíveis, obstaculizando ou impedindo relações visuais e percursos consolidados por uma longa tradição, construindo novos lugares obscuros, *no-man lands* que são apropriadas por práticas à margem da legalidade, instaurando relações violentas, ainda que talvez sugestivas, com o entorno. O *loop* de Chicago, o elevado de Nova York, Londres ou Berlim, o *boulevard périphérique* em Paris, as ruas sobrelevadas de Gênova ou Marselha, e suas piores imitações, são seus exemplos evidentes. As estruturas da mobilidade, com dimensões e escalas habitualmente imponentes, passaram a fazer parte da paisagem urbana contemporânea: com isso há que se defrontar.

Por muito tempo, o delicado papel de dar forma à cidade foi atribuído à malha viária. Para contrapor-se à fragmentação e à aproximação paratática da cidade medieval, durante toda a modernidade, traçados e conjuntos edificados, estrategicamente dispostos, caracterizaram o espaço urbano, enquanto uma malha viária mais densa cumpria a função menos vistosa, embora igualmente delicada, de definir dimensões e formas das quadras. Desenvolvendo essas funções, amplamente estranhas aos temas da mobilidade e do tráfego na forma como são hoje concebidos, o conjunto dos materiais urbanos destinados à mobilidade assumia o importantíssimo papel de intermediar os outros materiais urbanos, suas posições, dimensões, distâncias e alturas relativas, suas funções e seus papéis, organizando-os, não apenas visualmente, no conjunto das grandes figuras da continuidade, da regularidade e da hierarquia. Na segunda metade do século XIX, essas funções puderam ser codificadas nos manuais de urbanismo, entretanto, os novos temas da mobilidade e do tráfego e a autonomia assumida por cada material urbano produziram situações nas quais o papel de intermediação não pode mais ser desempenhado como antes.

Uma questão bem conhecida pelos engenheiros e arquitetos, intuída, a seu tempo, por Descartes e esclarecida por Galileu, remete aos modelos. Reduzida a seus termos mínimos, a conclusão é que quando se constroem modelos de um edifício em escala, para estudar seu comportamento estrutural, não se deve usar os mesmos materiais da construção que se pretende realizar; isso resultaria em inferências sobre sua resistência, completamente erradas. Mudando a escala faz-se necessário também mudar os parâmetros inerentes ao modelo. A dilatação da cidade contemporânea, bem como o adensamento da cidade antiga e da moderna, colocam problemas similares; dispersar e adensar não é apenas ampliar ou contrair com um pantógrafo, mas implica uma mudança mais complexa das relações espaciais, isto é, das relações que vinculam entre si os diferentes materiais urbanos.

Os desenhos dos anos de 1920 de A. Perret, aqueles da "cidade contemporânea" de Le Corbusier ou da "cidade vertical" de L. Hilberseimer, como aqueles de F. L. Wright mostram o quanto todas essas questões já estavam presentes e, como as soluções que lhes deram eram uma revisitação crítica das propostas antecipadas por E. Hénard no começo do século. O que impressiona nos desenhos de Perret, Le Corbusier e Hilberseimer e que os torna diferentes daqueles feitos para a Paris do começo do século de Hénard, ou da "cidade com calçadas elevadas" do nova--iorquino H. W. Corbett, realizados poucos anos depois, é a escassez e veículos que os habitam. Aqueles desenhos, como os de Hénard e Corbett, não nasceram somente da tentativa de resolver os problemas do congestionamento do trânsito que adviriam, mas, principalmente, de uma reflexão sobre a forma dos diversos materiais urbanos e suas relações de proximidade ou distância recíprocas; sobre relações entre os artefatos infraestruturais e os edifícios resultantes de suas diversas dimensões, das diferentes técnicas de mobilidade e das diferentes velocidades dos meios de transporte. Altura, distância, relações de cobertura, relações entre áreas verdes e as destinadas às infraestruturas, entre as áreas destinadas à circulação e à permanência, entre aquelas destinadas à circulação de veículos e à de pedestres, os vários estratos do solo, a dimensão dos espaços de mediação entre movimento e permanência, são exatamente esses os parâmetros do modelo urbano.

A última metade do século XX mostrou o quanto os problemas de mobilidade foram subestimados: para enfrentar e resolver os problemas gerados pelo tráfego, seriam necessários espaços e infraestruturas cada vez mais importantes, que poderiam instaurar novas e interessantes relações espaciais apenas se consideradas em um novo pensamento, mais abrangente e não limitado apenas às questões de trânsito, sobre sua natureza enquanto elementos de uma composição urbana e seu papel de intermediação entre os materiais urbanos, que nesse ínterim se modificaram profundamente.

Grande parte dos problemas e da crise da cidade moderna, em meados do século, originou-se da quase total ausência dessa reflexão[29]. Assim como seria equivocado atribuir a mudança da cidade única e diretamente a fatores de natureza econômica ou social, muito equivocado é, também, atribuí-la apenas a fatores de natureza tecnológica ou, para o bem ou para o mal, unicamente aos projetos dos urbanistas. Tudo isso teve um peso e não em pequena medida. Em relação a fatos consumados, mas só em relação a fatos consumados, e de modo que ninguém estava em condições de prever, a mudança nos parece, sobretudo, como o provisório ponto de convergência de um conjunto de correntes opostas e de tendências conflitantes. No entanto, provisório não é sinônimo de reversível. Que se possa voltar atrás não parece provável, e, talvez, nem possível e desejável.

---

29. C. Buchanan, *Traffic in Towns*.

6. PROJETOS

As respostas às características e aos problemas da cidade contemporânea têm sido até agora muito variadas; tanto que fica difícil, mesmo sob pena de certa simplificação, mapeá-las.

Uma primeira posição é aquela de quem pensa a cidade contemporânea e a cidade industrial, que imediatamente a precedeu, como formas degradadas da cidade moderna, como um desvio da linha de desenvolvimento e dos equilíbrios alcançados pela cidade ocidental no fim do século XVIII, e propõe a eles retornar: recusa da heterogeneidade, da aproximação paratática do fragmento. Com correção etimológica, o fragmento é considerado como o resultado de uma ruptura, como aquilo que sobra de um todo precedente, precisamente como o fragmento do vaso que se quebrou. Isso induz ao restauro, à recomposição, a "costurar e unir". Uma iniciativa proposta segundo muitas enunciações: em um extremo, a posição mais rigidamente conservadora que divide o tempo histórico em dois: um passado a conservar, a defender e imitar ciosamente, e o olhar ofendido dirigido ao mundo contemporâneo; no outro extremo, a retomada dos principais conceitos que guiaram a criação de projetos e a construção da cidade moderna e as suas reinterpretações no contexto das práticas sociais contemporâneas; entre os dois, a busca de uma domesticidade feita de relações de vizinhança, de espaços fechados e não apenas abertos, de sombras além de luz, de materiais pesados mais do que de leves, de decoro e regularidade.

Reproduzir o passado quer sempre dizer confrontar-se com a multiplicidade e o anacronismo, violar deliberadamente o curso do tempo. Ideias, tradições e modos construtivos não podem ser levados a reviver ou sobreviver em contraposição ao desenrolar das práticas sociais. Na Europa, a partir do século XV, muitas pessoas começaram a reler os clássicos gregos e latinos, a visitar e dar importância às arquiteturas daquele período, a procurar imitá-las na tentativa de reconstruir, em oposição à "maneira gótica", um mundo tal qual se imaginava que fosse o da Antiguidade clássica. Mas o que essas pessoas produziram é algo muito diferente e novo, uma esplêndida reelaboração do passado à qual damos o nome de Renascimento, e que consideramos o início da modernidade. Aquilo que do Renascimento hoje nos parece importante e excepcional não é o retorno ao passado, a imitação de materiais urbanos da antiguidade clássica, mas sua reconstrução à luz de um novo universo simbólico, de novas ideias e práticas sociais. São essas as razões que nos levam a observar com espírito muito crítico o retorno ao passado do ecletismo historicista do fim dos Oitocentos, ou os aspectos mais evidentes daquele fenômeno, de resto passageiro, ao qual alguns deram o nome de "pós-moderno" ou, ainda, o *new urbanism* americano: um pouco de Ruskin e do movimento da City Beautiful, um pouco da cidade medieval de Camilo

Sitte, da cidade-jardim europeia e do *suburb* americano; um pouco de Jane Jacobs e de Leon Krier[1]. São essas as razões que também nos fazem observar com certa preocupação a ênfase, muitas vezes excessiva, sobre a preservação. O restauro é muitas vezes falsificação do anacronismo que, com a idade, caracteriza todo edifício e toda cidade; a preservação muitas vezes torna-se, como no caso dos "puristas sienenses" entre os séculos XIX e XX, mera invenção de um passado imaginado e que nunca existiu, bastidores de uma cena urbana esvaziada de conteúdo, da qual foram eliminados os odores, os rumores, os riscos de incêndio, a proximidade e a promiscuidade, a sujeira e a escuridão da cidade medieval.

Diversa é a atitude que podemos indicar com o termo de "retorno neoclássico", atitude que das tradições do passado recupera alguns conceitos, mas não a forma e as linguagens. No inverno de 1939-1940, Stravínski deu na Universidade de Havard um ciclo de aulas, depois publicadas com o título de *Poética da Música*. Esse livro é um documento importante não apenas pelo que concerne ao pensamento musical de Stravínski, mas é também importante sob o ponto de vista dos problemas fundamentais da teoria da composição do século XX. Um dos capítulos é dedicado às relações com a tradição. Lá se diz: "A verdadeira tradição não é testemunho de um passado já concluído, mas força viva que anima e informa de si o presente". Uma afirmação como essa constitui um ponto chave do classicismo stravinskiano. O próprio Stravínski explica a exigência de um retorno neoclássico em uma página das *Crônicas da Minha Vida*, um livro escrito em 1935. A página refere-se à versão do *Édipo Rei*, realizada sobre texto de Jean Cocteau do verão de 1927, a partir da tradução para o latim por Jean Daniélou:

---

1. P. Calthorpe, *The Next American Metropolis*.

119

À medida que se avançava no assunto, o problema da "compostura"* de uma ordem musical se colocava com toda a gravidade. Aqui emprego o termo "compostura" não no significado literal da palavra, mas no sentido mais amplo, com uma maior abrangência. Assim como o latim, que não se usa mais na vida cotidiana, a obra musical me impunha uma certa "compostura", do mesmo modo a linguagem musical requeria uma forma de convenção que pudesse conter a música dentro de termos rigorosos, e impedi-la de dispersar-se pela divagação, frequentemente perigosa, de um autor. E eu me impunha essa restrição voluntária, escolhendo uma forma de linguagem sancionada pelo tempo, por assim dizer, homologada[2].

Uma forma de convenção que pudesse conter a música dentro de termos rigorosos; as mesmas ideias serão expostas de forma menos autobiográfica nas aulas que Stravínski dará em Harvard no fim dos anos de 1930. Obviamente, o *Édipo* não se assemelha em nada a uma ópera oitocentista ou dos séculos precedentes. Parece-me que se pode reconhecer naqueles anos a mesma postura na Ville Radieuse de Le Corbusier, no projeto de Braillard para Genebra e, mesmo que em menor medida, no plano para Amsterdã de Van Eesteren.

De modo análogo, muitos projetos contemporâneos procuram fazer a cidade recuperar uma certa compostura, sem com isso levá-la a assemelhar-se à cidade do passado. Traçados que caracterizam o vazio perspéctico e, estrategicamente dispostos, "conjuntos de edificações emergentes e qualificadas"; grandes quadras, construções sobre o perímetro; ampliação simultânea das medidas e das escalas dos espaços abertos e dos edifícios; recuperação de suas articulações e hierarquias significativas; proximidade entre espaços amplos e espaços densos, grandes e pequenas dimensões, lugares públicos e privados; volumes e espaços de dimensão e disposição coerentes em relação ao papel e às funções desenvolvidas; materiais aos quais são atribuídos

---

*. No original, *contegno*, a tradução por compostura remete à noção de contenção, decoro. (N. da T.)
2. I. Stravínski, *Crônicas da Minha Vida*.

significados coerentes em relação à sua consistência e peso; atenção aos modos pelos quais o edifício toma contato com o solo; linguagens simples e precisas, reduzidas ao essencial do que pode ser dito. Compostura supõe convenções e autolimitações; é o oposto de uma atitude expressionista.

Reprodução que imita o passado e retorno neoclássico são atitudes expressas de muitas maneiras: da pura e simples reprodução mimética e um pouco mistificadora da casa burguesa flamenga do século XVII ou dos partidos haussmanianos, até a retomada das concepções bramantescas do pátio do Belvedere, relidos à luz do programa de pesquisa do movimento moderno. Ambas as expressões têm um alto grau pedagógico, suas realizações propõem-se como "exemplos exemplares", destinados à imitação. Em diversas áreas e com diferentes expectativas de sucesso, elas pretendem se instituir em toda a cidade, oferecendo-lhe modelos viáveis. Uma delas tem referência importante no *collage* eclético, interpretado como representação da autonomia de sujeitos entre si irredutíveis, e no *bricolage* como modo de valorização do anacronismo, dois aspectos que igualmente pertencem à tradição europeia e ocidental. Nas palavras de Calthorpe, essa atitude representa a tentativa de combinar o ideal utópico de uma comunidade integrada e heterogênea com a realidade do nosso tempo; de combinar os imperativos da política ambiental, da convivência, da igualdade e da tecnologia com a inércia. A outra atitude procura, nas palavras de Gregotti, fazer do urbanismo e da arquitetura uma coisa simples, duradoura, ordenada, precisa e necessária; ela constrói com a tradição uma relação mais de conhecimento que de obediência; pensa o projeto como mudança crítica, eventualmente polêmica, da topografia e do construído; pensa o projeto como reinvenção do lugar. Negando-se a considerar o mundo como concluso, coloca-se na esteira da pesquisa incessante; como reelaboração e melhoramento de alguns materiais urbanos fundamentais coloca-se na esteira da contínua reconstrução crítica das regras e das práticas da construção e da composição[3]. Um pequeno comentário pode esclarecer a abrangência dessa posição, mostrando como ela faz parte da melhor tradição europeia sem estar vinculada a uma única ideia de arquitetura.

No imaginário coletivo mundial, Siena é considerada a cidade medieval por excelência e, com justiça, belíssima. Quem quer que a conheça compreende que essas duas características não derivam da idade dos edifícios – porque Siena, como outras cidades antigas, é um complicadíssimo palimpsesto – nem derivam de uma particular presença de arquiteturas memoráveis que, mesmo nos lugares mais renomados como a Piazza del Campo, não são tão numerosas. O caráter medieval e a beleza de Siena são muito mais o resultado de regras ocultas e, ainda que simples, não imediatamente perceptíveis. Por exemplo, a regra que preside escalas, dimensão e posição dos diversos edifícios é uma delas; veremos outras em seguida.

Siena está disposta sobre um conjunto de cumes de colinas que formam um desenho que remete, com muita simplificação, ao de três cumes principais em forma de Y, das quais derivam alguns cumes menores. No final dessas, em posição sobrelevada em relação aos vales circunstantes, são dispostas algumas grandes construções conventuais de escala e dimensão extraordinariamente superiores às de todo o conjunto edificado sienense, seja a dos palácios dos grandes senhores, seja a da edificação seriada do povo. Somente a esses edifícios, que formam uma espécie de cinturão imaginário que marca o limite da cidade e que é interno à muralha – geralmente situada a uma cota mais baixa – são consentidas tais escalas e tais dimensões. Escalas e dimensões que, no entanto, podem ser percebidas apenas por quem chega de fora a Siena, porque, graças à topografia da cidade, as mesmas edificações apresentam-se com dimensões e escalas domésticas. O conjunto das construções conventuais e das respectivas igrejas forma,

---

3. V. Gregotti, *Identità e crisi dell'architettura europea*.

em outros termos, um cinturão de defesa dedicado aos santos que duplica, por assim dizer, o cinturão laico-militar da verdadeira muralha e separa a cidade – lugar da vida livre e civil – do campo – espaço da produção servil. Os afrescos de Ambrogio Lorenzetti no Palazzo Pubblico são totalmente explícitos a esse respeito. Os edifícios aos quais são consentidas dimensões e escalas excepcionais desempenham por isso, no universo simbólico do povo sienense, um papel igualmente excepcional. Coisas análogas podem ser ditas para a paisagem sienense que tanto impressiona o imaginário coletivo.

Essa coerência entre vocabulários, gramáticas e sintaxes simbólicas, com papéis, funções e materiais, tão frequentemente negligenciada pela arrogância de muitas arquiteturas recentes, é uma das mais evidentes e sutis características da tradição urbana europeia, continuamente submetida à crítica, mas nunca esquecida ou destruída; ela é o resultado de um conjunto de regras que foram expressas de muitos modos: leis, regulamentos, ordenanças, decretos e também, naturalmente, arquiteturas específicas. Foi precisamente isso que permitiu que o horizonte de sentido de uma cidade fragmentária como a medieval não se perdesse nunca. Como é evidente, conservar essa coerência é uma operação diversa e muito mais difícil que a imitação das características materiais, linguísticas ou ornamentais da edificação sienense ou de qualquer outro centro antigo.

Mas não se deve pensar que a regra sienense seja válida para toda cidade medieval. André Corboz, estudioso do vedutismo* veneziano e dos *capricci* barrocos de Canaletto, fez notar quão frequentemente, em Veneza, é violada a regra da distância correta da visão perspéctica, quão frequente os monumentos venezianos acham-se em posições, e têm dimensões, que tornam impossível

---

*. Escola de pintura que nasceu na Itália no Setecentos, que favorecia a representação de visuais de jardins e perspectivas. *Il Grande Dizionario Garzanti della Língua Italiana*, 1987. (N. da T.)

123

observá-los do ponto de vista requerido, para uma correta visão perspéctica central: muito próximos, muito proeminentes ou muito distantes[4]. Mas Veneza é cidade onde, desde os Quinhentos, se experimentou e se aperfeiçoou uma outra atitude, hoje amiúde revisitada.

É a atitude de quem olha o passado nos termos de uma *renovatio urbis*, isto é, de uma política de mudança e transformação do horizonte de sentido, do papel e das funções desenvolvidas por partes inteiras da cidade ou pela cidade toda, por meio de intervenções pontuais e limitadas, objetos finitos – não necessariamente edifícios – únicos e não repetíveis, tanto mais não fosse pela específica lógica de não poderem ser produzidos em série. Uma política que toma forma sem qualquer plano desenhado, isto é, sem uma previsão global arquitetonicamente formulada; uma política que se desenvolve em tempos e mediante decisões sucessivas, superando as dificuldades que encontra caso a caso, dando origem a implicações muitas vezes imprevisíveis; política na qual tomam forma intenções que envolvem problemas de natureza jurídica, econômica, religiosa, de decoro urbano; política que não pressupõe um só protagonista, mas uma conjunção de vontades, às vezes concordes, às vezes em competição[5].

A *renovatio*, mesmo tendo importantes precedentes no passado, é iniciativa independente de um retorno ao passado e com ele não pode ser confundida. Ela adquire sentido através da escolha de lugares estratégicos, de funções, papéis e arquiteturas que assumem o caráter de exemplos que não se propõem à imitação, mas pretendem construir novos sistemas de valores, ser mais significativos que exemplares. Isso implica uma maior atenção ao programa de cada intervenção, conceito que, embora venha de uma longa história precedente, aparece nos primeiros anos do século XIX e, hoje em dia, é muitas vezes redutivamente interpretado de modo muito mais próximo

---

4. A. Corboz, Urbanistica marittima, *Arte venetta*, 51.
5. A. Foscari e M. Tafuri, *L'armonia e i conflitti*.

às técnicas administrativas e organizativas. Em *L'Armonia i conflitti*, Antonio Foscari e Manfredo Tafuri reconstruíram o esforço conceitual, os debates, as reflexões e os conflitos de ideias, teóricos e de interesse, que levam à construção do programa de *Renovatio urbis Venetiarum* no período do doge Gritti. Juízos e interpretações, nada evidentes, face à situação da cidade e das administrações precedentes, a importância do mito veneziano na definição dos objetivos de renovação urbana, a construção de mecanismos que permitem alcançá-los, a promulgação de leis, a distribuição de responsabilidades, as políticas de orçamento, as discussões. O que acontece em Veneza é semelhante e coevo ao que ocorre em outras cidades italianas no Quinhentos e em muitas cidades na Europa das cortes do século posterior: em Florença, em Roma, com o papa Paulo III Farnese, em Nápoles com dom Pedro de Toledo, em Messina pela entrada de Carlos V na cidade[6]. A *renovatio* não é feita só de arquiteturas, mas também de leis e de regulamentos, de mudanças institucionais e de procedimentos e, por isso, requer ser inserida em uma visão estratégica de conjunto. E pode abordar diferentes temas: nas últimas décadas do século XX, para ficar só em alguns poucos exemplos, esses temas concernem à importância dos espaços abertos e coletivos em Barcelona, à afirmação da *grandeur étatique* em Paris, à vitalidade da City em Londres, à importância das instituições culturais em Sttutgart, à reconstrução da cidade-capital em Berlim.

Naturalmente, é mais fácil compreender a interseção, a combinação e a sobreposição das três iniciativas do que formas radicais e rigorosas de suas manifestações: o ecletismo não está limitado à reprodução das formas do passado; nos diversos projetos inspirados por um retorno neoclássico muitas vezes se assiste, como em Berlim, a uma mistura eclética de linguagens e a reproduções miméticas de partes de cidades do passado; assim, no *new urbanism* americano, muitas vezes se reencontram, reelaborados, os

6. Idem.

princípios do movimento moderno. De modo análogo, a *renovatio* deu origem, em alguns casos, a arquiteturas urbanas nas quais é possível reconhecer uma retórica expressionista não coerente com o papel que se pretende que desempenhem, nem com as funções a que são destinadas; arquiteturas que estabeleceram com o espaço urbano relações quando menos problemáticas. De fato, todas as três iniciativas tiveram de assumir, como campo de sua realização, pelo menos na Europa, as grandes áreas de obsolescência e desativação e de degradação da cidade, e deram origem a intervenções no interior da cidade consolidada ou em sua periferia que, algumas vezes, se configuraram como autênticas reconquistas de importantes espaços urbanos. Poucas vezes a *renovatio* foi experimentada, por exemplo, em áreas de dispersão. A enunciação retórica das estratégias mostrou-se frequentemente incongruente em relação aos vestígios do passado e a seu contexto. Mas os resultados desse, mesmo que breve, experimento levantaram alguns problemas de grande relevância. O mais importante se refere às relações que cada uma dessas iniciativas constrói com o projeto da cidade contemporânea, com o plano urbanístico e com as políticas urbanas. Examiná-las, obriga-me a um longo *excursus*.

Projeto de cidade é um termo mais amplo que o de plano; compreende hipóteses e propostas que não necessariamente se configuram apenas como um plano. Este, em outras palavras, é uma forma particular e restrita de projeto, no qual o termo restrito é entendido em dois sentidos estreitamente conexos entre si: no sentido do reducionismo dos anos de 1930, e no sentido de um plano como mecanismo orientado a realizar apenas algumas partes mais importantes do projeto da cidade. Procurando a própria legitimação em uma participação ampla e duradoura, o plano se expressa de modo aparentemente caracterizado por uma limitada extensão semântica.

Nenhuma das três iniciativas acima referidas é, por exemplo, incompatível com o plano urbanístico, ainda que todas três tenham sido repropostas em um período de forte crítica do plano e do urbanismo, aos quais, um pouco superficialmente, foram atribuídas as maiores responsabilidades quanto ao estado e aos problemas da cidade contemporânea. As últimas décadas do século xx foram, por toda parte, marcadas por uma improdutiva polêmica entre plano urbanístico e projeto de arquitetura. Ela foi particularmente intensa nos países, como a Itália ou a Espanha, nos quais o urbanismo sempre desfrutou de uma fraca legitimação, enquanto a arquitetura experimentava períodos de grande vitalidade. Nas bases dessa polêmica podem ser reconhecidas atitudes de incompreensão e hostilidade em relação à progressiva burocratização das sociedades desenvolvidas e à inacessibilidade corporativa, que normalmente surgem quando se abre uma nova fase na divisão do trabalho profissional. Mas pode também ser percebida uma viravolta pragmática de muitos administradores desejosos de acelerar as soluções de problemas da cidade e a realização de seus programas, confiando isso a projetos pontuais e limitados e livrando-se do plano e de suas regras. Os resultados foram decepcionantes. Não obstante seu valor intrínseco, muitos dos mais recentes projetos urbanos têm, no melhor dos casos, o caráter de um fragmento de um discurso sobre a cidade, quando não o caráter de "exemplos exemplares" fora do tempo, propostos como são em uma época na qual a capacidade de alinhamento, que a exemplaridade deveria garantir, perdeu sentido. Nesse ínterim, apesar das óbvias diferenças nos diversos contextos, as características da cidade contemporânea tornaram-se cada vez mais evidentes: heterogeneidade e fragmentação, perda de sentido e mau funcionamento têm exigido, cada vez mais, estratégias gerais e abrangentes.

A história de um conceito nem sempre é a de seu progressivo aperfeiçoamento, de sua crescente racionalidade e abstração, mas, sobretudo, a de seus diversos campos de validação, de suas sucessivas regras de uso, dos múltiplos ambientes teóricos nos quais se desenvolveu e se concluiu sua elaboração. Assim também é para o plano urbanístico e suas diferentes formas. A sua não é uma história linear. O seu campo de validação e aplicação se parece com um jardim de percursos que se bifurcam. Suas trajetórias são continuamente atravessadas por desvios contingentes e por variantes locais, por novas conjunturas, que podem ser relacionadas aos diferentes ambientes nos quais foram desenvolvidos sua elaboração e seu uso concreto. Em diferentes formas e com denominações diversas, como resultado de diferentes procedimentos, hoje, no entanto, o reencontramos estavelmente consolidado em todos os países desenvolvidos. Não obstante a grande variedade de formas, nesses países os planos urbanísticos se parecem. Parecem-se como os membros de uma grande família, como se parecem os irmãos, os primos e mesmo os parentes distantes. Sendo essa semelhança dada por algumas regularidades fisionômicas e de caráter fundamentais.

Em 1960, David Easton, um eminente estudioso americano de ciências políticas, propôs conceituar o funcionamento de um sistema político, isto é, de "um sistema produtor de decisões determinantes para uma sociedade", mais ou menos como o de uma máquina motriz[7]: alguns *inputs* entram em um estranho objeto que os transforma, produzindo determinados *outputs*. É possível que os *outputs* modifiquem o ambiente produzindo um *feedback*, isto é, consequências retroativas que, por sua vez, modificam os *inputs*, propiciando um processo, no mínimo recorrente, que liga entre si, o motor do sistema político, *inputs* e *outputs* através de percursos muito complexos.

A figura da máquina acompanha toda a modernidade e foi muito utilizada pelas ciências do século xx. Kuhn, por exemplo, como eu já disse, recorre a ela para conceituar os modos nos quais uma teoria prevê determinados resultados experimentais. O *input* é, nesse caso, representado por uma série de enunciados teóricos com aparência

---

7. D. Easton, *The Political System, an Inquiry into the State of Political Science*.

de lei; com o complemento de algumas condições iniciais, que especificam a situação à qual vem aplicada, a teoria é manipulada por um dispositivo lógico-matemático, cujo *output* é constituído por previsões expressas em forma numérica ou outra forma[8]. O plano é um mecanismo desse tipo, a meio caminho entre a falta de clareza do sistema político e a transparência do mecanismo lógico-matemático. Seus *inputs* são representados pelas demandas expressas pela sociedade e os *outputs* pela mudança concreta da cidade. Porém, as coisas tornam-se complicadas quando se examinam as relações entre uns e outros. Por três razões fundamentais.

A primeira se refere aos *inputs*. Nem todas as demandas expressas pela sociedade devem e podem encontrar resposta no plano urbanístico, mas a decisão sobre o que deve e pode encontrar uma resposta adequada, e sobre o que não, não é simples. Se o plano se recusa a tratar demandas que não encontram resposta fora, por exemplo, no mercado ou em outras políticas, é muito provável que isso dê origem à mobilização de algum grupo, não necessariamente majoritário na sociedade, fazendo surgir movimentos reivindicatórios que, no fim, modificam seu modo de funcionar[9]. Grande parte do urbanismo moderno cresceu procurando dar resposta ou até antecipar movimentos reivindicatórios desse tipo: a questão da habitação, da higiene e da saúde, dos equipamentos coletivos, do tráfego urbano e, por último, a questão ambiental têm marcado profundamente o plano urbanístico, ao longo de sua história. A carência de muitas políticas econômicas e sociais fez também com que fossem dirigidas ao plano demandas às quais, por sua natureza, dificilmente ele poderia dar resposta; essa insuficiência fez que ele fosse sobrecarregado de expectativas inevitavelmente destinadas a permanecer não atendidas.

A demanda social, porém, não é alguma coisa que já se ache configurada no meio da rua ou nas assembleias

---

8. T. S. Kuhn, *The Essential Tension*.
9. P. L. Crosta, *La produzione sociale del piano* e *La politica del piano*.

populares. Pelo contrário, cada uma das ciências sociais nasce como busca das estratégias mais adequadas para conhecê-la. Os urbanistas, com grande antecipação em relação a outros estudiosos, conscientemente, recorreram a estratégias indicativas[10]: nos aspectos físicos da cidade, nos modos de uso dos diferentes espaços e, em suas contínuas mudanças e transformações, procuraram colher sinais e indícios de demandas de bens e serviços que, por sua natureza, não se podia conceber que fossem adequadamente representados e satisfeitos pelo mercado. A economia de bens públicos, por exemplo, de bens caracterizados por forte indivisibilidade, por relevantes efeitos externos, pela impossibilidade de cobrar dos consumidores um preço correspondente ao seu uso ou pelo serviço em questão, pela formação de valores posicionais, isto é, pelo conjunto das condições que decretam a "falência do mercado", essa economia faz referência eminentemente aos materiais de que a cidade e o território são construídos. Grande parte dos elementos que compõem a série de documentos e eventos, a que me referi falando do urbanismo, procura fornecer uma representação analítica da demanda referente a esses bens e serviços. Textos, discursos e ações individuais e coletivas, nos quais se refletem os resultados de pesquisas e de opiniões que têm sua própria raiz em territórios muito distantes, procuram dizer como a demanda se configura, qual é sua intensidade e importância. O urbanista, reconstruindo o estado do lugar, procura pôr ordem e clareza no meio de muitas representações discordantes e muitas vezes contraditórias entre si, procura interpor uma certa distância crítica entre os fatos e sua representação. Não há uma precisa diretriz para fazer isso; sobretudo não há uma única diretriz, mas a mais de um século os urbanistas têm procurado construir uma gramática e uma sintaxe analítica, têm procurado dizer como os fatos poderiam ser observados, e em que ordem, a fim

---

10. C. Ginzburg, Spie. Radici di un paradigma indiziario, em A. Gargani (org.), *La crisi della ragione*.

de poder fazer comparações pertinentes entre situações diversas. A partir de Cerdà, passando por Geddes, Abercrombie, Astengo[11], para citar só os maiores, os urbanistas procuraram, inúmeras vezes, esclarecer às burocracias relacionadas com a cidade e o território os procedimentos adotados para fazer com que o conjunto de sinais e indícios, a que fiz referência antes, permitisse uma representação plausível da demanda social e de seu contexto, e que essa não fosse uma operação ideológica, arbitrária e pessoal e, tampouco, mera e dogmática transcrição do pensamento de alguns grupos. A progressiva fragmentação da sociedade contemporânea torna muito difícil esse objetivo. Os movimentos a que antes aludi, relativos à família, aos equipamentos coletivos, à obsolescência e desativação de partes inteiras da cidade moderna, fazem com que seja difícil pensar a demanda social, na cidade contemporânea, em termos agregados e naturalísticos, e fazem com que seja necessário reconstruir pacientemente as relações entre os mundos dos objetos e o dos sujeitos, sem considerar nada óbvio[12]. As pesquisas dos antropólogos e etnologistas mostraram o quanto o perfil da demanda é construída dentro de *millieux* culturais específicos, muitas vezes antagônicos entre si. Não só a ideia mesma de demanda social se fraciona em uma miríade de demandas parciais, contraditórias entre si, mas isso obriga a fazer uma escolha que, frequentemente, só pode ser justificada apresentando, ao menos experimentalmente, seu *output*, isto é, as consequências mais gerais e de maior duração.

A segunda dificuldade se refere aos *outputs*, suas formas e natureza. Conjunto de enunciados ao mesmo tempo teóricos e práticos, descritivos e institucionais, analíticos e regulamentares, composto de inferências e de decisões, de afirmações e de decretos: o plano urbanístico é muitas

---

11. I. Cerdà, *Teoría general de la urbanización...*; P. Geddes, *Cities in Evolution*; P. Abercrombie, *Town and Country Planning*; G. Astengo, *I piani regionali*.
12. J. Baudrillard, *Les système des objets*.

coisas ao mesmo tempo e, como tal, tem posto muitos críticos em dificuldade. É imagem do futuro da cidade e do território, antecipação do que eles poderiam ser ou que se desejaria que fossem. É programação das intervenções que são consideradas necessárias para realizar essa mesma imagem e satisfazer os desejos, as demandas e as necessidades que ela tenta interpretar. É distribuição de incumbências entre os diversos atores da transformação urbana, indicação de quem deverá ou poderá fazer determinadas coisas. É conjunto de regras que definem as relações entre as diversas partes da sociedade, que indicam os lugares de encontro e os comportamentos, que orientam as ações de cada uma delas. É modo de definir as áreas de competências e de responsabilidade de cada sujeito e de cada instituição. É definição concreta daquilo que faz de um conjunto de indivíduos uma sociedade; é pacto entre a mesma sociedade e sua administração, definição de suas relações com a história e com as ações dirigidas à sua proteção e defesa, à sua conservação e transformação.

Para fazer com que essas diversas dimensões do plano não se dispersem em um conjunto de ações desprovidas de unidade e eficácia, os urbanistas articularam estrategicamente seu projeto em torno de dois eixos principais: um está relacionado às escalas e às dimensões do espaço habitável, "da colher à cidade"; o outro, às formas de linguagem, do implícito ao explícito. Nas experiências mais interessantes isso permitiu caracterizar a prática urbanística precisamente pelo seu contínuo nomadismo entre as escalas e as linguagens. Mas nas formas mais redutivas, os dois eixos tornaram-se uma hierarquia de planos inseridos uns nos outros, como em uma *matrioska*, e uma linguagem codificada do urbanismo que se seguiu aos anos de 1960. Depois, nas formas mais banalizadas, os dois eixos foram hierárquica e dedutivamente orientados e pensados como ordenadores de uma sequência que vai da ideia à sua materialização. O plano geral, ou relativo a uma vasta área, precede conceitualmente e operativamente àquele relativo a pequenas porções do território ou da cidade, concebido como o plano de atuação do primeiro e a ele prevalece. De modo análogo, a formulação de regras abstratas e gerais, eventualmente expressas em forma paramétrica, precede conceitual e operativamente e prevalece à figuração de um seu possível resultado concreto. No fundo, obviamente, estão as raízes do urbanismo na prática do projeto de arquitetura e de engenharia e as complexas relações que se estabelecem entre prancheta e canteiro.

Em ambos os casos, porém, o urbanismo, ao longo de sua história, seguiu uma direção oposta: do material por si só à cidade inteira e ao seu território, de uma linguagem figurativamente explícita a formas expressivas que deixam implícitas muitas partes do projeto; da observação e criação de projetos de lugares específicos à generalização de critérios e normas expressas em forma verbal ou paramétrica. Desse ponto de vista, a história do urbanismo é idêntica à de quase todas as outras ciências da sociedade.

Estar ciente do sistema de interdependência que liga entre si, através do espaço e do tempo, os diversos fenômenos naturais e sociais, estar ciente portanto de não poder compreender o aqui e o agora sem considerar o contexto de outro lugar e de seu passado, não é característica específica do urbanismo. Reencontramos essa conscientização, por exemplo, expressa em formas elegantes, ainda que redutivas, nas ciências econômicas. De modo semelhante, estar ciente de que os comportamentos de sujeitos diferentes entre si podem se tolerar, não conflitar e, eventualmente, convergir para metas compartilhadas – desde que limitados e orientados por normas não específicas e pessoais, mas por princípios abstratos, porque universais –, pertence a muitas outras disciplinas, entre as quais, em primeiro lugar, às ciências jurídicas. Ambas as conscientizações não implicam necessariamente na morte do sujeito, nem em suas versões organicistas de anulação no seio da totalidade da comunidade nem em sua fragmentação em uma multiplicidade de centros de experiências, de necessidades, de sensações, de emoções e de desejos. Ambas acompanham o desenvolvimento das grandes organizações estatais, políticas, econômicas e produtivas da época moderna.

A principal figura que liga entre si planos relativos a territórios de diferentes extensões é a da luneta, isto é, a de uma visão que pode ser ampliada e tornada mais precisa, restringindo o campo visual, aumentando o poder de resolução e olhando o território, inicialmente escolhido como objeto de exame, cada vez mais de perto. É uma figura simples com uma fortíssima carga construtiva. Olhar de longe é captar as tendências gerais, por exemplo, o movimento das ondas do mar ou as tendências da economia internacional e, poder julgá-las em seu conjunto. Olhar de perto é ver mais, captar o detalhe e colocá-lo em destaque; observar, por exemplo, a onda se romper contra as mínimas asperezas do arrecife, as consequências do desenvolvimento da economia em um determinado lugar, poder estudar seus efeitos específicos e locais. Frequentemente, o detalhe, em uma imagem muito ampliada, parece incompreensível, quase um enigma carente de sentido, se não for inserido na imagem de um espaço mais amplo e por um tempo mais longo. Quem desenha com um computador conhece bem esse contínuo vaivém entre as diversas ampliações e as diversas escalas. A hodierna prática urbanística é muito próxima: o vaivém entre as diversas escalas faz parte de sua estratégia cognitiva e de sua exploração projetual; o detalhe, para o urbanista, não é só detalhe construtivo. Na figura da luneta, oculta-se uma *démarche* epistemológica coerente com a figura da continuidade e cheia de consequências. Por longo tempo, ela impediu que se compreendesse o estatuto diverso do fragmento. Com efeito, detalhe e fragmento opõem-se como causa e caso, como geometria plana e geometria fractal; um solicita uma postura dedutiva, o outro incita à abdução e à *serendipity**, transforma

---

*. O termo significa a capacidade de fazer descobertas impotantes ao acaso. (N. da T.)

o pesquisador em uma espécie de Sherlock Holmes ou de Arsène Lupin[13].

Ao longo do outro eixo, aquele que atravessa as linguagens, desenvolveram-se situações muito mais complexas. O plano para Bergamo, elaborado por Giovanni Astengo, em 1969, utiliza, por exemplo, de modo extensivo e não só em sua representação gráfica, uma linguagem implícita e codificada. Não foi o único a fazer isso, sobretudo naqueles anos. Reduzir a própria linguagem, torná-la transmissível e transitiva, foi um empenho constante do urbanista. Não por acaso, a bordo da *Patris II* – o navio que leva os congressistas do quarto Ciam de Marselha a Atenas em 1933 – esteve também Otto Neurath, participante do Círculo de Viena, no qual tomava corpo o programa reducionista. Muitas vezes, na história do urbanismo do século XX, foram sugeridas propostas de unificação e codificação da linguagem do urbanismo, algo que permeou muitas outras disciplinas. Giovanni Astengo tinha refletido a fundo sobre esse problema e tinha também avançado uma série de propostas concretas a esse respeito[14].

No plano de Bergamo, os índices de *edificabilità** isto é, as quantidades que podem ser construídas sobre cada porção de terreno declarado edificável pelo plano, são expressas recorrendo a duas grandezas: a altura dos edifícios e a relação de cobertura. A primeira tem as dimensões de uma extensão, a segunda de uma relação entre duas superfícies. É evidente que, multiplicando uma pela outra, obtém-se uma nova grandeza que tem as dimensões de uma relação entre um volume e uma superfície, o que na linguagem corrente do urbanismo é sempre chamado ín-

---

13. U. Eco e T. A. Sebeok (orgs.), *Il segno dei tre*; O. Calabrese, *L´età neobarroca*.
14. *I piani regionali*.
*. *Índices de edificabilità*, optou-se pelo original em função da especificidade do conceito, que embora se aproxime do nosso potencial de construção ou índice de aproveitamento, tem a especificidade, como definido no próprio texto, expressa, recorrendo a duas grandezas: a altura dos edifícios e a relação de cobertura. (N. da T.)

dices de *edificabilità*. Reencontra-se a mesma intenção de Astengo em outros planos, ainda que em sua maior parte, não só na Itália, defina a *edificabilità* em termos de metro cúbico por metro quadrado. Entre as duas expressões há uma diferença fundamental. No primeiro caso, lida-se com dimensões, como a altura do edifício e a cota do terreno que dele é deixada livre, coisa que além de um significado econômico tem também, e sobretudo, um significado arquitetônico. No segundo caso, lida-se com dimensões que tem um significado quase exclusivamente econômico, concorrendo de modo precípuo na determinação dos valores de mercado do terreno.

Se o plano de Bergamo fosse redesenhado, colocando em evidência as alturas dos edifícios e as relações de cobertura, se compreenderia que Astengo expressou, através dos índices de *edificabilità*, uma ideia clara e muito convincente de arquitetura da cidade: onde posicionar os edifícios altos, que altura devem ter, ao longo de quais diretrizes, formando que tipo de figura, onde dispor espaços abertos privados e os jardins, formando qual figura[15]. Uma ideia comparável àquela expressa em Siena através de localizações, escalas e dimensões relativas às grandes edificações conventuais e à edificação seriada. Um projeto de arquitetura da cidade que permaneceu aparentemente oculto, mas implícito em uma regra e, devido a isso, poucos o perceberam e compreenderam. Iniciativas de valor análogo podem ser percebidas também em outros planos.

Se o urbanismo recorreu com tanta insistência a um projeto que se exprimia em parte através de uma linguagem cifrada, é porque era profundamente consciente da dificuldade de construir relações lógicas entre uma cidade, que se desenvolvia de modo não totalmente previsível, e cada elemento e cada sujeito aos quais devia ser reconhecido um alto grau de autonomia figurativa e funcional. O urbanismo aceitou essas características da experiência con-

---

15. P. Viganò, *La città elementare*.

temporânea, talvez antes de outras disciplinas, sem fazer com que isso se tornasse renúncia ou evasão intelectualmente preguiçosa. Um aspecto que grande parte da própria massa anônima dos urbanistas não compreendeu, limitando-se a utilizar as partes codificadas da própria linguagem para estender seus termos, de forma banal, para amplas zonas do território e da cidade e, no máximo, com o único e equivocado intento de controlar o grande monstro da renda. Coisa que, de resto, por falta de pertinência do instrumento utilizado, não conseguiram fazer. A experiência da cidade contemporânea, da dispersão, da fragmentação e da mescla de pessoas e da diversificação de atividades, justificadamente, tornou impraticáveis as formas mais redutivas e banalizadas dessa linguagem. A contemporaneidade, percebida como lugar da diferença, não aceita facilmente a codificação; lugar do imediatismo, a contemporaneidade rejeita decifrar um projeto que em parte se oculta no subentendido; instável, não se resigna à definição.

Mas o urbanista não recorreu só a essa linguagem. Em seus desenhos sempre inseriu projetos nos quais o futuro da cidade pudesse ser prefigurado, contribuindo com isso para delinear um significado que vai além do que estamos habituados a designar com o termo "estética da cidade". Nas últimas décadas do século XX, porém, o papel desses projetos mudou. Não mais apenas prefiguração, esses projetos tornaram-se instrumento de conhecimento interativo. Giancarlo De Carlo, para indicar essa competência do projeto também como estratégia cognitiva, utilizou frequentemente uma imagem particularmente eficaz: o projeto provoca, deve provocar, tentações; como o diabo que, com diferentes aspectos, provocava tentações em Santo Antonio. Provavelmente, o diabo a quem o santo era confiado, era chamado todo dia para dar explicações a seu chefe, o qual, pelos resultados obtidos, avaliava a eficácia de seu colaborador; mas, mesmo naquelas esferas, talvez se tivesse uma ideia mais ampla da eficácia; talvez se soubesse que o processo da tentação não é banal. No fim do século XX, o urbanista, ao perder a aura de São Jorge, provoca continuamente a cidade e o território, reconceituando as situações, reconstruindo os problemas e mostrando quão frequentemente suas soluções são contraintuitivas. A linguagem do urbanista fez-se mais densa, procurou evocar imagens, construir novos mitos; seus desenhos abandonaram a rotina burocrática do urbanismo posterior aos anos de 1960 e, contemporaneamente, as formas mais banais de um mimetismo sedutor, procuraram produzir no observador um estranhamento que dirigisse seu olhar e sua atenção para novas situações e novos temas. Entre eles, talvez o mais relevante seja o das condições e do projeto do solo. Fazendo isso, o urbanista foi induzido, na maioria das vezes, a guardar uma distância crítica do urbanismo ingênuo, do lugar comum, do preconceito e da liberdade estética[16], especialmente onde esses entram em conflito com uma técnica sedimentada há muito tempo.

A experiência da contemporaneidade e a crise epistemológica das últimas décadas do século XX[17] submeteram à dura crítica as formas redutivas e banalizadas da estratégia cognitiva, projetual e discursiva do urbanismo. No plano pragmático, os territórios pertinentes ao projeto urbanístico dificilmente coincidem com âmbitos administrativos, são mais vastos ou menos extensos, quase sempre diferentemente articulados. O próprio plano solicita ações que continuamente alteram as relações contextuais. Quase nunca os diferentes planos se dispõem ao longo da sequência temporal *top-down* imaginada pelas versões banais da hierarquia dos planos. As administrações, especialmente em períodos caracterizados por um forte localismo, aceitam com dificuldade qualquer forma de subordinação hierárquica. As experiências não são iguais nos diversos países, mas em quase todo lugar – ao menos até recentemente, até que uma maior atenção aos temas ambientais tenha levado a inter-relacionar as escalas e as linguagens –

---

16. B. Pedretti (org.), *Il progetto del passato*.
17. A. Gargani (org.), *La crisi della ragione*.

os planos de grande área foram obrigados a assumir o caráter de vagos cenários sobre os quais colocar, sobretudo, os grandes projetos infraestruturais. Em um plano mais geral, as pesquisas semiológicas da última parte do século XX levaram a negar que a transitividade entre as duas linguagens possa acontecer somente através de sua redução e codificação. Sobre a linguagem do urbanismo se poderia afirmar o que Barthes dizia a respeito da literatura: a linguagem do urbanismo moderno era transparência, circulação sem sedimento; no final da modernidade, essa transparência turvou-se, a linguagem do urbanismo, os modos pelos quais se exprimiam seus *outputs* perdem a própria inocência, as palavras têm uma segunda memória que se prolonga em novos significados, tornando-se ameaçadoras e cheias de segredos[18].

A terceira dificuldade se refere à máquina. O plano não é uma máquina banal. Esses termos, máquina banal e seu oposto, máquina não banal, foram propostos por Heinz von Foester, para distinguir dois instrumentos conceituais diversos[19]. São termos descritivos que não têm a intenção de introduzir qualquer tipo de avaliação. Uma máquina banal funciona sempre do mesmo modo, qualquer que seja a sucessão e a repartição temporais com as quais os *inputs* nela são introduzidos: "sabe-se sempre tudo o que a máquina fará quando se der a ela um particular *input*". A cada *input* ou conjunto de *inputs* corresponderá sempre um determinado e previsível *output* ou conjunto de *outputs*. Por muito tempo, os urbanistas acreditaram lidar com máquinas banais e persistiram em construí-las de maneira cada vez mais aperfeiçoada. É necessário reconhecer que houve períodos nos quais, de fato, o projeto urbanístico funcionou como uma máquina banal. Haussmann, Poggi, Beruto, Berlage e muitos outros urbanistas poderiam hoje rodar satisfeitos, respectivamente, pelas ruas de Paris, Florença,

---

18. R. Barthes, *Le degré zéro de l'ecriture*.
19. H. von Foerster, Cibernetica ed epistemologia: storia e prospettive, em G. Bocchi; M. Ceruti (orgs.), *La sfida della complessità*.

Milão e Amsterdã e de outras cidades, reconhecendo o próprio plano na materialidade dos lugares; os próprios desenhos transformados em pedra, asfalto, gramados, volume edificado ou espaço aberto. Evidentemente, isso não deriva da natureza ou da elevada qualidade de seus projetos, mas, sobretudo, da clareza com a qual lhes eram postas as demandas sociais fundamentais, as respostas que um sistema político administrativo podia concretamente dar e as consequências dessas mesmas respostas para a cidade. Se bem que esses urbanistas tenham atuado em uma situação de forte dominação e hegemonia burguesas, seria equivocado pensar que seus planos representem só a estrutura do poder burguês. Tanto Haussmann, quanto Poggi, Beruto ou Berlage e poucos outros, deram uma contribuição técnica e figurativa original à construção da cidade moderna. Suas estruturas projetuais eram o resultado de um longo itinerário, durante o qual foram estudados e aperfeiçoados os principais materiais urbanos, grandes blocos de materiais pré-fabricados com os quais foi construída a cidade ocidental entre o Renascimento e o século XIX. Quando Eduard André dedica a Adolphe Alphand o seu tratado geral de composição de parques e jardins[20], ou mais ainda, quando, em 1890, Joseph Stübben escreve *Der Städtebau*, a serena consciência desse itinerário é evidente. Stübben inicia pela agregação de tipos de edificação fundamentais, pelos diversos tipos de seções viárias, para chegar à estética dos espaços públicos, à construção de novos bairros e à forma da cidade. Seu elementarismo desenrola-se nas páginas do livro com fluidez e, sobretudo, com grande confiança no mecanismo do plano regulador e do regulamento edificatório[21]. As verdadeiras preocupações começariam alguns anos depois.

Na segunda metade do século seguinte, os urbanistas são postos frente à evidência de um funcionamento do plano diverso do esperado. A formação de vastas

---

20. *L´art des Jardins*.
21. P. Viganò, *La città elementare*.

áreas metropolitanas, de megalópoles dispersas em territórios sempre mais vastos[22]; a dissolução de toda regra de ordem precedente e de toda hierarquia entre os diversos centros urbanos; o fracasso do modelo gravitacional simples, que parecia descrever corretamente os processos de concentração urbana da modernidade; a difundida, e, muitas vezes, apressada, crítica aos mais recentes resultados do urbanismo moderno; fazem o campo disciplinar mostrar-se inesperadamente dominado por uma dupla incerteza: relativa aos objetivos a perseguir e ao grau de consenso que pudessem obter, bem como aos instrumentos mais oportunos para obtê-los e à sua eficácia[23]. Entre mil frustrações, interrogando-se a fundo sobre a eficácia de seu projeto, sobre sua capacidade de transformar-se em pedras, asfalto, gramado e jardins de acordo com seus desenhos, em um período caracterizado, em todas as disciplinas, por uma forte crise epistemológica e por uma, tão forte quanto, reflexão autocrítica, pelo abandono de formas de racionalidade forte e pela redescoberta da *serendipity*, de estratégias cognitivas e de paradigmas prováveis que cravam suas raízes nas épocas pré-modernas[24], os urbanistas descobriram pouco a pouco o caráter não banal do plano e do projeto urbanístico.

No começo, a descoberta mostrou-se um fracasso. Os urbanistas inicialmente puseram a culpa no poder. Nem sempre estavam errados. Nesse período, entre os anos de 1960 e 1970, nos canais e nos procedimentos da participação coletiva cresce uma forte pressão pela construção do projeto urbanístico. O urbanista torna-se profissional reflexivo[25] e a prática urbanística foi entendida como aprendizagem e mobilização social, como análise política e reforma

---

22. J. Gottman, *Megalopolis*.
23. K. S. Christiensen, Coping with Uncertainty in Planning, *Journal of the American Planning Association*; A. Balducci, *Disegnare il futuro*.
24. C. Ginzburg, Spie. Radici di un paradigma endeziaria e *Miti, emblemi, spie*.
25. D. A. Schön, *The Reflexive Practitioner*.

social[26], abrindo o campo disciplinar, diminuindo sua autonomia e dando espaço para interferências, muitas vezes irritantes, do urbanismo ingênuo. Nos anos imediatamente seguintes, entre rápidas oscilações, arquitetos e urbanistas pensaram que a culpa fosse da máquina, e cogitaram em desfazer-se dela, em prescindir do plano; pensaram que a transformação da cidade, resultado da interação entre muitos atores, pudesse ser conceituada de modos diferentes, como um jogo ou, o que é muito semelhante, como uma conversação, "uma animada discussão no curso da qual, muitas pessoas falam ao mesmo tempo, dizendo coisas diferentes, mudando frequentemente de interlocutor"[27]. O urbanismo transformava-se em uma espécie de retórica e o urbanista em uma espécie de animador social. Difundiu-se nesse período a retórica do caráter coletivo do processo de produção do plano, e cresceu, em consequência, a ideia de que a arquitetura da cidade e urbanismo fossem campos de práticas radicalmente diversas, que têm como referência "autores" e "especialistas" com estatutos diferentes e, por isso, com formação diferente. Enfim, em uma terceira fase, percebeu-se que o problema era maior e mais radical; que o mecanismo, aperfeiçoado para a construção e transformação da cidade moderna, não podia ser utilizado tal e qual em uma cidade profundamente diferente como a contemporânea. Para que isso ocorresse não era necessário desembaraçar-se de uma longa tradição como de uma roupa velha, nem mesmo andar por aí nu, mas mais concretamente exigia-se uma mudança da forma do plano, solicitava-se, em particular, um plano que fosse concebido e que funcionasse como uma máquina não banal.

Externamente, uma máquina não banal se parece muitíssimo com uma máquina banal. É por dentro que ela é diferente. Uma máquina não banal encontra-se sempre em determinadas condições internas e essas condições influem no que a máquina fará. Além do mais, quando se age sobre

---

26. J. Friedmann, *Planning in the Public Domain*.
27. P. Rossi, *I ragni e le formiche*.

a máquina, essa pode modificar seu estado interno. Se, por exemplo, damos duas vezes seguidas o mesmo *input*, não necessariamente a máquina se comportará do mesmo modo nos dois casos; seu funcionamento dependerá de suas condições internas e, concretamente, não será totalmente previsível. Pensem que ao virar a chave de partida de seu carro, esse respondesse de maneira diferente conforme o lugar em que se encontra, conforme quem o usou antes de você, os percursos já realizados e as intenções pelas quais o carro é posto em movimento. Segundo nossos termos, o mecanismo de um plano não banal, visto de fora, pode também parecer com o de um banal, mas seus resultados dependerão das diversas dimensões da situação específica na qual se encontra o território ou a cidade nos quais foi aplicado o plano, bem como da sua história, da sequência com que introduzimos os diversos *inputs* e com a qual lhe solicitamos produzir determinados *outputs*. A cada momento a máquina avalia um conjunto de variáveis de condições de estado, como o alpinista de Putnam imagina uma série de percursos alternativos, escolhe um ou alguns e corrige, pouco a pouco, as próprias escolhas, de acordo com os resultados provisórios obtidos. Construir uma máquina não banal eficaz não é coisa simples. Os mais recentes *softwares* podem ajudar nossa imaginação, mas pouco mais que isso.

O plano, como um *software,* é um dispositivo, uma armação, uma estrutura, um conjunto de técnicas e de cadeias operativas[28], que se espera transparente e estável ao longo do tempo, como convém a qualquer coisa que construa um campo de possibilidades, que estabeleça direitos e deveres e que tenha o encargo, na gestão cotidiana, de uma complexa organização técnico-administrativa. Junto ao plano existe qualquer coisa de mais vago e amplo que designei com a expressão "projeto da cidade" e existe também um conjunto de políticas urbanas: tanto um quanto outro remetem ao dispositivo do plano, interpretando-o, isto é,

---

28. P. Gabellini, *Corso di tecnica urbanistica*.

143

fornecendo interpretações específicas e contingentes que definem suas condições internas. É equivocado pensar nos três termos como sendo dispositivos colocados ao longo de uma estrutura hierárquica ou temporal, ainda que, muito frequentemente, suas relações tenham sido redutivamente pensadas nesses termos: antes o projeto da cidade, depois o plano, finalmente as políticas que os realizam. O projeto da cidade muda, localmente e ao longo do tempo; ele é uma espécie de ponto de fuga no qual se refletem a cultura do lugar e da época, a história, a vivência, a sensibilidade e as tensões da população que são seus protagonistas. Do mesmo modo, as políticas mudam de acordo com as conjunturas: nelas se refletem as relações entre os diversos grupos de interesse e de poder, entre os atores públicos e privados, que concretamente se mobilizam para modificar a cidade e o território, entre os recursos mobilizados e os resultados obtidos. Em meio aos três termos se constroem, ao longo do tempo, momentos de grande solidariedade, como aconteceu com alguns grandes planos do passado, e se constroem, também, momentos de dura oposição e conflito, mais prováveis em uma sociedade de minorias. Há períodos nos quais os três termos tendem a separar-se um do outro: o projeto da cidade dissolve-se em uma série de episódios dos quais é difícil reconhecer as motivações; o dispositivo do plano procede autonomamente, privado de um projeto e de políticas que o interpretem; as políticas, pressionadas muito de perto por demandas radicais, tendem pragmaticamente a deslegitimar a estrutura e a estabilidade da armação, e a ideia mesma de um projeto pelo qual a sociedade de uma época é representada. A cidade contemporânea está repleta de políticas muitas vezes contraditórias entre si, de dispositivos frequentemente obsoletos e de fato desprovidos de um projeto.

7. O PROJETO DA CIDADE CONTEMPORÂNEA

A falta de um projeto para a cidade tem, ao menos na Europa, uma origem clara na diminuição do esforço crítico, que afeta muitos estudiosos e boa parte da sociedade ocidental nos últimos anos da "idade de ouro" ou dos "magníficos trinta", isto é, de uma das mais intensas fases de desenvolvimento de todo o sistema capitalista ocidental.

Já no fim dos anos de 1950, em um momento de exame crítico dos resultados obtidos durante a reconstrução pós-bélica, aos olhos de muitos estudiosos, a cidade europeia mostrava-se inesperadamente diferente e de difícil compreensão, menos facilmente apreensível em imagens e figuras coerentes. Essa passagem virá apontada nos anos seguintes como a transição de uma sociedade simples a uma sociedade complexa.

O contato com experiências de forte crescimento urbano em outros países e continentes, e a impossibilidade de relacioná-las a situações de concentração urbano-industrial europeia dos séculos precedentes, geraram uma explosão de imagens e de programas de pesquisa que tomam caminhos divergentes: desde a ênfase sobre a cidade como grande obra de engenharia, a uma releitura estruturalista ou fenomenológica do espaço urbano expresso de várias maneiras e até mesmo a imagens da arquitetura radical. É um período de intensíssimo debate do lado de cá e do lado de lá do Atlântico, debate no qual uma grande parte dos urbanistas, incompreensivelmente, não participa e evita, como se não dissesse respeito à cidade.

O futuro da cidade e do território, que agora tendem a identificar-se pela grande dimensão da "cidade-região", da extensão metropolitana e do "campo urbanizado", não se mostram mais pré-figuráveis em termos simples e usuais; a complexidade parece necessitar, ao mesmo tempo, de um maior nível de abstração e de uma maior precisão. A administração da economia deve voltar a ser a administração das poucas variáveis fundamentais que intervêm nos elegantes modelos da economia financeira, sem se perder na selva das particularidades das economias reais e locais; a administração do território deve voltar a ser, com intenção análoga, a dos modelos da *Regional Science*[1]; a arquitetura da cidade e a do território devem voltar a ser aquela das relações entre seus materiais mais relevantes e sua estrutura morfológica[2]; a New Urban History submete as próprias hipóteses e conjecturas principais a verificações quantitativas cada vez mais rigorosas[3].

Desse momento em diante, e por um período tão breve quanto fértil, economistas, urbanistas, arquitetos e historiadores, ainda influenciados pela "retórica da precisão irrefutável", habitarão planos diversos, conectados entre si por escadas imaginárias. A crise urbana do fim dos anos

---

1. W. Isard, *Methods of Regional Analysis*.
2. A. Rossi, *L'architettura della città*; V. Gregotti, *Il territorio dell'architettura*; C. Aymonino, *Il significato delle città*.
3. S. Thernstrom; R. Sennet, *Nineteenth Century Cities*; L. Schnore; E. E. Lampard, *The New Urban History*.

de 1960 e a crise epistemológica das décadas seguintes os restituirão à "retórica da realidade".

Esta se manifesta, nas últimas décadas do século xx, na forma de uma impetuosa onda descritiva que põe, com toda evidência, a cidade e o território no centro da própria atenção. Descrever é operação aparentemente banal, desprovida de profundidade teórica. Na realidade, toda atividade de pesquisa tem na descrição um ponto de partida. Utilizando técnicas e instrumentos específicos, toda atividade de pesquisa remete, no laboratório ou no campo, a algumas operações iniciais repetíveis e confrontáveis entre si, para construir, por meio da descrição, os próprios objetos de investigação e a própria indagação da pesquisa.

As descrições a que estou me referindo, porém, não são aquelas que habitualmente se espera encontrar como parte de textos literários ou científicos; ao contrário, elas dão origem a uma literatura que aparentemente se esgota na própria descrição. Com uma ostentação algo exagerada de meios expressivos e lexicais, essa literatura, muito próxima à dos etnólogos e antropólogos, continua a construir e reconstruir análises profundas, densas descrições de territórios que se percebem estar prestes a desaparecer ou como de nova formação: descrições não só de territórios, mas de seus habitantes e de suas micro-histórias. A sociedade do fim do século é atravessada por uma espécie de ânsia descritiva[4].

Há algumas décadas, fincando as próprias raízes em estudos e reflexões precedentes, produziu-se uma mudança em muitas ciências sociais. A atenção de muitos estudiosos voltou-se para o cotidiano, para o ordinário e para o específico. Abandonada, ao menos temporariamente, a construção de teorias que pretendiam dar explicações exaustivas e definitivas do mundo que os circundavam, muitos estudiosos, deixando suas bibliotecas, começaram a percorrer de novo aquele mesmo mundo, fazendo experiências contínuas, repetidas, cotidianas e

---

4. B. Secchi, *Dell'utilità di descrivere ciò che si vede, si tocca, si ascolta*.

ordinárias, descrevendo-o de maneira sempre mais detalhada e acurada. Hoje, muitas disciplinas retornaram à experiência como fonte primária de conhecimento. É um retorno repleto de dúvidas, consciente da lenta, mas inexorável dissolução, na sociedade contemporânea, da verdade universal, pública, que caracterizou as ambições da modernidade. É um retorno profundamente marcado pela recuperação do senso comum, do sentir e do falar comum, que se distancia dos léxicos, das gramáticas e das sintaxes típicas do saber institucionalizado, dos idioletos e da antilíngua dos burocratas da pesquisa. Talvez se trate de um dos tantos movimentos cíclicos que marcam a história da cultura ocidental[5]. Para os urbanistas isso significou recuperar antigos modos de ver e antigas técnicas de observação; significou voltar a caminhar na cidade e no território, a falar com seus habitantes de modo mais ou menos bem estruturado, a estudar as relações entre o mundo dos objetos e o dos sujeitos. Reconstruindo as características fundamentais da experiência hodierna da cidade e do território nos anos mais recentes, o urbanismo redefiniu o próprio objeto.

Caminhar na cidade é operação simples, ver e constatar suas características continuamente cambiantes é operação mais complexa, fazer narrativas precisas e confiáveis, que impliquem em um mínimo de mal-entendidos sobre os dados levantados, constitui operação de enorme dificuldade. Fazer levantamentos é educar o olhar, ver e fazer ver como a cidade é feita e interrogar-se sobre como poderia ser feita; é observar detalhadamente os lugares nos quais as práticas sociais se desenvolvem, observar os materiais urbanos com os quais elas entram em contato e interagem, suas características métricas, materiais e tipológicas, seu estado de conservação, manutenção e degradação, sua adaptabilidade, a possibilidade de sua deformação e transformação. Ouvir é entrar

---

5. A. O. Hirschman, *Shifting Involvements*.

em contato com as práticas sociais tal qual são vividas e narradas pelos próprios protagonistas, apreender suas diferentes temporalidades, reconstruir micro-histórias, reconhecer imagens e mitos difusos, registrar aquilo que para os diversos sujeitos parece um obstáculo para o completo desenvolvimento de seus projetos individuais e coletivos.

Porém, o que se torna difícil na descrição da cidade e do território, o que suscita os maiores problemas práticos e teóricos é o estudo das relações entre seus aspectos físicos, o mundo dos objetos e os projetos de vida dos sujeitos que os utilizam e habitam. Por muito tempo, os estudos dos urbanistas, dos sociólogos e dos economistas deixaram essas relações subentendidas ou, realizando uma verdadeira mudança nos próprios estilos de análise, pressupuseram-nas e deram-nas por evidentes ideologicamente, não as problematizaram; não distinguiram o que pertence ao saber comum* daquilo que pertence à vivência dos indivíduos ou dos grupos, daquilo que pertence à sua sensibilidade; ou, caso se queira, não distinguiram entre o que a sociedade ou cada um dos seus membros objetivaram, e virou história, daquilo que ainda pertence a sua subjetividade e a sua memória; as aspirações, enfim, que impulsionam os mesmo grupos e indivíduos na busca de novas soluções.

Em *Notre-Dame de Paris*, Victor Hugo insere uma descrição tipicamente moderna: *Paris à vol d'oiseau*. Seu olho, do alto de uma das torres da catedral, abarca em primeiro lugar a cidade inteira e sua história, para depois, descer lentamente e captar suas singularidades, proeminências e detalhes cada vez mais próximos. Ao fim desse movimento cinematográfico, passa a existir, como um sobressalto, o temor de se estar tão embrenhado no detalhe que isso implique o risco de "pulve-

---

*. No original, *sapere contestuale*, ou seja, um saber espontaneamente criado e informalmente difundido em todos os níveis, comum às pessoas de uma região, uma cidade, um bairro. (N. da T.)

rizar" a imagem de conjunto; se a expressão não fosse anacrônica, se poderia dizer pulverizar "a estrutura espacial da cidade".

Por longo tempo os urbanistas recorreram a técnicas descritivas análogas, mas as descrições hodiernas são diferentes. Entre *Le Tableau de Paris* de Louis-Sebastien Mercier e o *Ulisses* de Joyce, passando por Balzac, Zola, Poe, Baudelaire, Flaubert, Rodenbach, Aragon, as descrições da cidade ocuparam-se do espetáculo, da vivência e do *stream-of-consciousness* de seus habitantes. No fim do século XX, elas se referem a corpos: corpos que se encontram, atraindo-se reciprocamente, rejeitando-se, adequando-se, modificando-se. Corpos em movimento, que com seus deslocamentos exploram territórios bem mais amplos do que os de períodos anteriores. Corpos de homens e mulheres, corpos que encontram casas, calçadas, pedaços de asfalto e de pedra, automóveis e trens, espelhos de água e jardins. Corpos isolados ou coletivos que cada vez mais emergem e se impõem no cinema, na dança e nas artes visuais. A modernidade havia expropriado a cidade da presença do corpo; a fenomenologia da contemporaneidade o recoloca no centro da experiência. Tomar contato com a experiência e com a cotidianidade significa, na literatura e nas artes do fim de século, redescobrir o sentido simples das coisas, suas características táteis, olfativas, sonoras[6]. A dimensão corporal da cidade ficou sem as características topológicas do espaço por causa da aproximação da pluralidade da experiência corporal à unicidade da geometria, e da aproximação de seu porta-voz legítimo ao grande ideal moralizador da modernidade.

As características universais da modernidade, em particular o internacionalismo da arquitetura e do urbanismo do movimento moderno, mostram-se, então, excessivos para um mundo que, fugindo dos estereóti-

---

6. R. Sennet, *Flesh and Stone*.

pos e dos pesadelos da cultura da sociedade de massas, começa a adquirir e valorizar, de modo sempre mais evidente, "traços de comunidade" local[7] o que, consequentemente, requer uma maior atenção às características contextuais, ao *genius loci*, à especificidade das situações, às dimensões banais das práticas e dos ritos cotidianos, ao *everyday urbanism*[8]. O estudo do cotidiano, nas últimas décadas do século, nos fez compreender como a solução dos problemas da cidade contemporânea deve necessariamente ser confrontada com a história das mentalidades e dos imaginários, mas nos fez entender também, com estudiosos de diversas orientações, como Henri Lefèbvre, Karel Kosic, Agnes Heller ou Philippe Ariès, os riscos de se limitar à intimidade e familiaridade do cotidiano; os riscos que corre quem, muito atento à construção de seu próprio mundo, fica, por miopia ético-intelectual, cada vez mais exposto aos aspectos mais cruéis do mundo externo; fez entender a necessidade de manter uma distância crítica de cada situação e de cada lugar.

Quando, no início do Renascimento, se começou a reler os clássicos gregos e latinos e se procurou reconstruir um mundo tal como se imaginava que fosse o da Antiguidade clássica, os arquitetos investiram muita energia no levantamento dos seus monumentos e, por mais de dois séculos, continuaram a refletir sobre os desvios que intercorreram entre as regras construtivas e compositivas descritas nos tratados da Antiguidade e o que o levantamento de cada específico monumento punha em evidência. O levantamento da cidade e do território tem uma história igualmente longa. Em parte ele finca as próprias raízes no levantamento topográfico, em parte, na dissecação anatômica; duas diferentes iniciativas da razão que se encalçaram por muito tempo ao longo de toda modernidade. Por outro lado,

---

7. A. Bagnasco, *Tracce di comunità*.
8. J. Chase; M. Crawford; J. Kalinski, *Everyday Urbanism*.

151

atlas anatômicos e representações planimétricas da cidade e do território influenciaram por muito tempo estudiosos de diversas disciplinas, estudiosos esses que, com frequência, imaginaram o próprio trabalho como revelação progressiva e como representação da verdade.

A representação planimétrica da cidade, a dissecação e representação da *De humani corporis fabrica* começam com a modernidade. A planta de Imola, atribuída a Leonardo, é de 1502, a primeira edição da *De humani corporis fabrica,* de Vesalius, de 1543, a de *De Astrolabio matematico* de Gemma Frisius, origem das grandes cartas geográficas modernas, é de 1556. Todas as três obras se fundam sobre experiências e inovações técnicas precedentes muito obscuras. Na obra de Vesalius, os resultados da dissecação são transmitidos fundamentalmente através de representação visual. O cuidado que Vesalius põe na composição do livro ilustrado, no destaque à importância da qualidade visual da ilustração, na definição das relações entre texto, legendas, referências marginais e índices, como nota Martin Kemp, não deixa dúvidas. A difusão do livro impresso e ilustrado facilita, desde o início do Renascimento, um processo de descontextualização e distanciamento, de conceituação cada vez mais ousada, e é recorrendo a analogias visuais, a representações do corpo e da arquitetura que Copérnico, no *De revolutionibus orbium celestium* – do mesmo ano da primeira edição da obra de Vesalius – critica os antecessores e introduz a nova descrição da "fábrica do mundo".

A representação visual encontra-se assim, no início da modernidade, no ponto de disjunção de dois estilos de análise e de dois programas de pesquisa, de duas iniciativas da razão que pouco a pouco divergem, para depois, ciclicamente, continuar a reunir-se, entrecruzar-se e sobrepor-se, remetendo-se a diferentes estratégias cognitivas. No primeiro, dominado pela "retórica da realidade", a representação visual mostra os resultados de uma contínua e sempre mais acurada experiência de dissecação do mundo, de uma iniciativa desconstrutiva e elementarista que implica a contínua separação, análise e conceituação de seus elementos constitutivos e sua composição e representação em *layers* temáticos cada vez mais numerosos. As esplêndidas pranchas de Vesalius, que, segundo Kemp, ocupam na história da arte um posto análogo à da *Trinitá* de Masaccio e da *Ultima Ceia* de Leonardo, frequentemente constituíram a desculpa para não se olhar diretamente o material, mas também criaram problemas relativos à quantidade de ilustrações às quais era necessário recorrer para fornecer uma descrição visual completa de todas as formas, de suas correspondentes configurações, proporções e disposições espaciais[9]. A história dos estudos urbanos conhece bem esses problemas: a multiplicação, na pesquisa dos urbanistas, de dissecação do corpo urbano e de suas representações em cartas temáticas e estratigráficas, sempre mais complexas, e o distanciamento da observação direta que essas representações muitas vezes produziram, fazem parte de uma história de todo similar àquela dos estudos anatômicos.

Na tentativa de resolver esses problemas, o primeiro programa de pesquisa se encontrou com o segundo, dominado pela "retórica da precisão irrefutável". E a representação visual tornou-se instrumento de mensuração e registro controlado, de abstração e conceituação daquilo que literalmente não pode ser visto senão como representação de um modelo hipotético e explicativo, distante da experiência sensorial, mas que rende a ela alguns resultados, como é o caso das plantas topográficas. A representação visual do corpo se tornará, no século XVIII, autêntica topografia corpórea. Durante toda a história da modernidade, dominada cada vez mais pela

---

9. M. Kemp, *Towards a New History of the Visual*.

retórica da precisão irrefutável, o primeiro programa desempenhou, prevalente e periodicamente, o papel de por limites à possibilidade de falsificação inerente à experiência, remetendo continuamente a uma nova atitude elementarista.

De fato, o século XX foi dominado por uma contínua remissão à multiplicidade da experiência de indivíduos que se tornavam progressivamente mais autônomos e, através disso, a uma retórica da realidade que pôs em discussão toda forma de conceituação e toda teoria precedentes. A ânsia descritiva a que antes me referi e que hoje caracteriza diversas disciplinas além do urbanismo, a ênfase sobre a dimensão cotidiana e corporal da cidade, representa o predomínio da retórica da realidade na última parte do século.

A cidade contemporânea requer agora uma nova tomada de distância crítica; requer a tentativa, cheia de riscos, de deixar o relativismo produzido pela repetida afirmação do caráter específico, único e irredutível de cada indivíduo, de cada situação e experiência; requer a busca de novas formas de conceituação e generalização. Graças à obra de dissecação da cidade e dos territórios contemporâneos, realizada nos últimos anos, agora se pode tentar fazer isso, com a consciência de que isso implica, muito provavelmente, um novo estilo de análise, uma nova organização discursiva e novas figuras.

O projeto da cidade contemporânea tem um horizonte temático muito mais vasto que o da cidade moderna, explora situações muito mais variadas em uma perspectiva que rejeita a unificação, a codificação, a redução formal e linguística, a generalidade. Temas, escalas e técnicas continuam, no projeto contemporâneo, a cruzar-se e atravessar, seguindo lógicas próprias. O projeto da cidade contemporânea refuta o pressuposto de homogeneidade do território que subjaz a toda estrutura de planejamento ditada pela hierarquia institucional e técnico-administrativa. Um forte paralelismo associa, sem, no entanto, constituir nexos causais muito condicionantes, uma maior articulação da sociedade, da economia e do projeto da cidade.

Os pretensos universalismos da modernidade mostram, em todo lugar, seus limites. Até as cidades de maiores dimensões, como Paris, Londres, Chicago, Nova York ou Roma, nas quais a modernidade foi representada mais claramente, aparecem constituídas de partes distintas e caracterizadas por diferentes histórias e morfologias físicas e sociais. "A cidade é uniforme apenas na aparência, até seu nome assume sons diferentes nos diversos bairros"[10]. O pequeno diagrama de Burgess em *The City* é talvez o primeiro de uma longa série através da qual a constituição da cidade por partes foi conceituada. As numerosas pesquisas desenvolvidas, ao longo de todo o século, por estudiosos muito diversos entre si[11], em diferentes áreas e com diferentes intenções levaram a que, no conjunto, se reconhecesse, sob diversos pontos de vista, a longa resistência da cidade a processos de uniformização e de ordenamento sistemático da sociedade. Dispersão, fragmentação, heterogeneidade, mescla de pessoas e diversificação de atividades, aproximação paratática e anacronismo de objetos, de sujeitos, de suas atividades e temporalidades, fazem com que territórios e cidades contemporâneas não possam ser enfrentados com projetos que alcancem em cada ponto um mesmo nível de definição. Temas reciprocamente cruzados e que não podem ser separados uns dos outros, tais como a conservação dos centros antigos, a manutenção e requalificação das periferias da cidade moderna, a construção de novos espaços de moradia ou de novas

---

10. W. Benjamin, *Das Passagen-Werk*.
11. R. E. Park; E. W. Burgess; R. D. McKenzie, *The City;* S. E. Rasmussen, *London;* P. H. Chombart de Lauwe, *Paris;* C. Aymonino, *Lo studio dei fenomeni urbani*.

infraestruturas e equipamentos, que se tornam novos lugares da sociabilidade, solicitam dispositivos projetuais parcialmente diferentes nos diversos lugares e nas diversas partes da cidade e do território, mas isso não significa que a cidade contemporânea não possa e não deva ser investida por um projeto conceitualmente unitário. Para tentar esclarecer o que quero dizer, me servirei, mais uma vez, de dois exemplos.

Os centros antigos, como a cidade moderna, constituem obviamente um patrimônio para toda a coletividade: nos centros antigos e na cidade moderna, gradualmente, concretizou-se a história de sociedades inteiras e de culturas do passado; muitas de suas características táteis, visíveis, sonoras e olfativas estão ainda presentes ou vivas na memória de alguns de seus habitantes; não surpreende que alguns queiram, com intenções talvez diversas, conservá-las. Mas, muitas vezes, a preservação tornou-se operação autocontraditória. A política de preservação, de fato, é dominada por uma intenção documental e pedagógica, muitas vezes não totalmente clara, que constrói escalas de valores os quais frequentemente contradizem a mesma história que se pretende testemunhar. O tema é bem conhecido: em vez de se estudar, o processo de alteração dos edifícios e dos espaços urbanos, o processo de seleção cumulativa responsável pelo extraordinário palimpsesto de toda cidade antiga, procura-se fixar, arbitrariamente, um estatuto imutável; em vez de estudar a história e o papel das técnicas construtivas na construção e na articulação dos edifícios e dos espaços urbanos, modifica-se o comportamento estrutural de edifícios e de partes inteiras da complexidade urbana, com a inserção de materiais, técnicas e concepções estruturais a eles danosos; em vez de se estudar as relações entre os espaços e as práticas dos centros antigos, impõem-se ao centro antigo e à cidade moderna papéis e funções que os submetem a um excesso de pressão ou ao abandono.

A cidade antiga, a medieval, por exemplo, é, ao invés, um imenso reservatório conceitual que convida a refletir sobre formas de implantação com elevadíssima relação de cobertura, como também poderia ser o caso, em algumas partes, com a cidade contemporânea, na qual predomina a ideia da proximidade e a contiguidade torna-se uma adaptação. Nela, as relações afetivas, sociais e espaciais, entre os sujeitos e os objetos, constroem-se no tempo, entrecruzando-se, encaixando-se precisamente umas às outras e construindo, nos pontos nodais, espaços de mediação específicos: o *sagrato**, o pórtico, a *loggia*, o saguão, o pátio, o claustro.

O espaço aberto do centro medieval tem dois estatutos principais, explicitados segundo numerosíssimas variantes, às quais corresponde uma materialidade diferente, um desenho diverso e uma experiência espacial igualmente diversa. O primeiro é aquele do espaço do público, no qual se está em público e onde se desenvolvem os principais ritos coletivos, da festa à procissão, ao "passeio". Espaço vago, sujeito às mais variadas interpretações e práticas, o espaço do público é um espaço dentro da cidade que, comprimido entre as paredes de edifícios muito próximos entre si, inesperadamente se dilata na praça e no largo, entra na igreja, sob o palácio público, sob o telhado do mercado ou do *fondaco***, se encaixa nos edifícios através do claro-escuro do saguão, sob o pórtico, ou em outros lugares específicos de mediação. O segundo, mais que as práticas e os ritos coletivos, é o estatuto do grande espaço aberto e próximo do campo, da laguna, do exterior que se apresenta mais à vista, ao percurso e às atividades produtivas. Entre essas duas experiências – na cidade medieval – encontra-se a das numerosas hortas e jardins parcialmente subtraídos à visão próxima.

Proust descreveu esplendidamente as relações entre a pressão exercida pelo espaço restrito das vielas venezianas,

---

*.   Espaço próximo à igreja sempre pertencente à área consagrada. (N. da T.)
**. Edifício medieval que servia como depósito ou pousada para mercadores, em países estrangeiros, principalmente nas costas do Mediterrâneo. (N. da T.)

157

seu suceder-se, e a imprevista dilatação do campo visual sobre a bacia e a laguna. Para alcançar a Piazza del Campo em Siena se vive uma experiência espacial análoga. A estética sienense não é feita de arquiteturas admiráveis, mas, sim por esses aspectos desenvolvidos segundo um minimalismo sofisticadíssimo. Quem quer que tenha experimentado sentar-se no chão da Piazza del Campo, ao final de um dia de verão, pôde apreciar a inclinação correta, o calor dos tijolos do piso, sua gentil aspereza, o prazer de tocar a borda ou a coluneta de travertino, as cores suaves e repousantes do ambiente da praça. Quem quer que tenha observado a mesma praça em um dia de chuva, pôde apreciar como o mesmo desenho resolve o problema do escoamento das águas que caem sobre uma tão vasta superfície.

A história da cidade europeia é a história da lenta modificação dessas relações entre o corpo e o espaço aberto ou coberto, coletivo ou privado. Nessa história, lemos a mudança das ideias e das relações sociais, mas também a inércia das formas espaciais. A suposta cidade barroca, como a neoclássica e depois a moderna, nunca conseguirá conquistar todo o espaço urbano. Mas cada uma das formas de cidade do passado, mais que depositar arquiteturas no território, deixou a ideia e o testemunho de uma experiência espacial diversa, em particular, de uma experiência diversa do espaço aberto, individual e coletivo e de sua relação com aquele coberto. Nesse sentido, qualquer cidade do passado é mais um reservatório conceitual do que uma *Wunderkammer*, é mais do que uma coleção de objetos maravilhosos a serem conservados e destinados à imitação que sempre produz resultados grotescos.

O que causa estranheza e desorientação nas periferias da cidade contemporânea é sobretudo a ausência de uma experiência igualmente significativa do espaço aberto. Enormemente dilatado, o espaço aberto da cidade parece ter perdido um estatuto claro. Os esforços de boa parte do urbanismo moderno, dominado pela retórica da precisão irrefutável, foram dirigidos, no século XIX, a uma definição formal e funcional dos elementos constitutivos do espaço aberto cada vez mais precisa, eliminando, através de uma acurada classificação tipológica e morfológica, a indeterminação do espaço aberto da cidade antiga, isto é, sua disponibilidade formal à multiplicidade de interpretações. Grande parte do trabalho dos colaboradores de Haussmann ou de Olmsted, e da massa anônima dos urbanistas e arquitetos que seguiram suas pegadas, na Europa e nos Estados Unidos, moveu-se nessa direção. Os resultados de suas experiências foram, por fim, codificados na linguagem elementar dos grandes manuais de construção da cidade.

Porém, ao longo de toda a trajetória da modernidade, assiste-se também a uma progressiva inversão do estatuto dos espaços abertos da cidade medieval: o espaço interno tende a abrir-se a uma constante busca da continuidade, da regularidade e da hierarquia, nas "axialidades" e simetrias do jardim renascentista, nas grandes perspectivas em direção ao infinito da época barroca, nas florestas sulcadas, como nas plantas de Cassini, por traçados regulares como se fossem cidade, nos passeios a beira-mar, nos *viali dei colli**, nos passeios e esplanadas panorâmicas[12]. No fim do *Ancien Régime*, nos limites de duas épocas e no ponto de passagem de uma a outra, o *cours*, as *promenades*, os *malls*, as grandes praças do século XVIII são os pontos de transição entre duas concepções opostas do papel, da prática e da experiência do espaço aberto urbano. No século seguinte, no crepúsculo da modernidade, se produz um movimento inverso ao que havia marcado seu início: a natureza é progressivamente delimitada por cercas e pelo desenho fantástico, subtraído ao princípio da realidade do *square*, do jardim e do parque público[13]; as práticas individuais e coletivas são delimitadas, como na *Educação*

---

*. Veredas de colinas. (N. da T.)
12. A. Corbin, *Le territoire du vide*.
13. S. Freud, *Vorlesungen zur Einführung in die Psychoanalyse*.

Sentimental, no espaço interno do apartamento. "O privado, que se dá conta da realidade no *comptoir*, exige do *interieur* ser embalado nas próprias ilusões [...] Nele, ele recolhe o distante e o passado"[14]. Assim como o jardim clássico havia mudado o interior da residência, ao abri-la para o exterior, pela continuidade criada entre os grandes eixos de perspectiva do jardim e as características distributivas do espaço interno[15], a reclusão da família, no interior da privacidade da moradia moderna, deixa o espaço aberto da cidade para os serviços técnicos das águas, das ruas e dos jardins.

A extraordinária dilatação do espaço aberto da cidade contemporânea muda-lhe o estatuto. A partir do fim do século XIX, a experiência do espaço aberto, do corporal, isto é, da relação com o próprio corpo e com o corpo dos outros, mediada pelos cinco sentidos, torna-se experiência "panorâmica", espetáculo de relações entre objetos arquitetônicos e vegetais, fixos e em movimento, observados, sem envolvimento, de uma grande distância física e psicológica[16]. A pintura, a fotografia e a própria literatura do fim do século XIX tornam-se panorâmicas e tudo isso faz com que, observado de perto, o espaço aberto se mostre sempre em busca de um papel e de uma destinação, com sujeitos concretamente envolvidos em seu uso e em sua manutenção; tudo isso faz com que seu desenho seja desprovido de uma perspectiva clara.

Por outro lado, a nova autonomia do objeto arquitetônico impele o projeto da cidade a dirigir uma atenção quase exclusiva aos volumes edificados, às relações que eles mutuamente entretêm, ao estudo de diferentes princípios de implantação. A planivolumetria torna-se o principal mecanismo do projeto dos diversos fragmentos da cidade. O solo, sobre o qual os edifícios se apoiam e no qual se fundam, desprovido de papéis e atribuições formais gerais,

---

14. W. Benjamin, *Schriften*, I.
15. T. Mariage, *L'univers de Le Nostre*.
16. S. Bordini, *Storia del panorama*.

torna-se dimensão residual. Como observou Rayner Banham, parece que a primeira preocupação de qualquer intervenção é, antes de mais nada, tornar o solo o mais semelhante possível ao plano de trabalho sobre o qual o projeto foi desenhado, eliminando toda rugosidade, todo desnível e toda diferença de nível[17]. O contato dos edifícios com o solo é frequentemente resolvido de modo grosseiro, os espaços de mediação quase totalmente eliminados, a divisão entre interno e externo, entre público e privado, é delineada nitidamente, marcada por muros, recintos, cercas e portões impenetráveis; e a permeabilidade dos profundos lotes góticos no tecido antigo da cidade, interrompida. Até a maior invenção do século, permitida pelas novas técnicas construtivas, o edifício sobre *pilotis*, foi deslocada ou internalizada no edifício; quase nunca fez parte de um projeto de solo mais amplo, em condição de enfrentar a questão mais relevante da cidade e da cultura contemporâneas: a questão das relações entre o uno e o múltiplo.

Sob esse ponto de vista, três principais tendências se desenvolveram e entrecruzaram parcialmente ao longo de todo o breve século. A primeira é a que absorve, suga o solo, suas funções, seus papéis e significados, a cidade toda em um edifício ou uma proporção que se faz cidade a si mesmo, tornando-se sede de uma multiplicidade de funções, de relações e de imagens: residência, loja, ambulatório, centro social, estacionamento, rua, estação de metrô e estação ferroviária, lugar de proximidade física, condensador alusivo da integração social e do coletivo: a *unité d'habitation* e a *dalle* em suas diversas variações. A segunda tendência é a que reduz o solo a puro suporte, amorfo e maleável, de elementos técnicos prevalentemente destinados à circulação canalizada, fluida e veloz entre objetos terminais; redes que pretendem assumir a forma de esquemas mentais mediante os quais se procura interpretar logicamente os fluxos, as

---

17. R. Banham, *Los Angeles*.

trocas e as relações entre sujeitos e atividades diversas e diversamente localizadas, que os enrijecem em artefatos duradouros, apesar de seu caráter cada vez menos estável no tempo. A terceira tendência considera o solo eminentemente por suas características métricas e distribui sua extensão, entre as diversas atividades, segundo coeficientes técnicos e regras associativas ou disjuntivas, que são imagens aproximadas de uma hipotética matriz das interdependências no sistema social e econômico: a área de esportes associada à escola; o estacionamento ao *shopping mall*; as áreas de recreação às residências. A algumas dessas atividades correspondem práticas e materiais urbanos suficientemente definidos sob o ponto de vista técnico e formal, outras, pelo contrário, permanecem em um estado de indeterminação, que muitos projetos enfrentam com uma redundância de meios expressivos que faz recordar, com nostalgia, a parcimônia da cidade antiga. Evidentemente, não há nada de inconveniente nessas tendências. Aliás, ao longo de todo o século, elas ofereceram sugestões importantes; mas sua separação, o recurso unívoco e casual mais a uma que à outra, sua banalização, são a principal causa do estado de profunda incerteza no qual se encontra hoje o estatuto do solo urbano; uma incerteza, obviamente, exaltada pela dispersão dos assentamentos na cidade difusa.

A dispersão, de fato, envolveu, no processo de construção da cidade, partes consideráveis do território e da paisagem agrária: território, até períodos recentes, externo à cidade, utilizado por atividades agrícolas e sobre o qual estavam assentadas sociedades que a elas se ligavam principalmente em termos funcionais e culturais; paisagem na qual, agora, pode ser reconhecido o trabalho morto de gerações inteiras; depósito de complexo sistema de valores, conhecimentos, relações sociais e projetos que caracterizaram o mundo agrário e sua história; resultado de uma humanização secular, minuciosa, gigantesca, inesquecível e que, por isso, é objeto de atenções similares àquelas voltadas para os centros antigos. Pensar em englobar esses territórios na paisagem urbana, como parques, é ilusório – ao menos se o parque é entendido da forma consagrada pela tradição moderna – como ilusório é pensar em manter neles as atividades, as técnicas e as populações precedentes. Mas isso não quer dizer que possam ser abandonados pelo projeto da cidade e do território contemporâneo. A paisagem agrária e o que impropriamente chamamos natureza colocam problemas mais vastos e complexos que os dos centros antigos, problemas que não podem ser enfrentados senão articulando novamente a questão toda.

Por mais de um século, os *landscapes architects*, primeiro, e os estudiosos dos problemas ambientais depois, propuseram alguns instrumentos conceituais que podem deixar entrever o ponto de partida de um possível redesenho do espaço aberto da cidade contemporânea. A construção do sistema de parques de Kansas City, segundo os projetos de George Kessler, entre 1893 e as primeiras décadas do século xx, e a construção do sistema de parques de Boston, nas duas décadas situadas entre o fim daquele século e início do último, segundo os projetos de Charles Eliot, ambos inspirados nas ideias de Olmsted, com quem Kessler havia trabalhado, propõem desenhos diversos daqueles do conjunto de parques londrinos, berlinenses ou parisienses[18]. A diferença é a mesma que se interpõe entre os princípios de ordem de uma retícula e os das manchas de uma pele de leopardo. Kansas City e Boston são medidas por linhas verdes, cuja espessura alarga-se ou estreita-se continuamente segundo as contingências locais. Interligando entre si, alguns grandes parques internos e externos à cidade, essas linhas constroem uma malha que, com seu desenho fluido e livre, atribuindo um valor aos elementos naturais do curso da água, da elevação ou da depressão do terreno, contrapõe-se à rigidez da retícula da cidade americana. Os estudos e desenhos de Mario Gandelsonas

---

18. F. Debié, *Jardins de capitales;* M. Scott, *American City Planning since 1890.*

para Chicago e outras cidades norte-americanas mostram como, também nesse caso extremo, assim como na Genebra de Braillard, os elementos naturais produziram uma surpreendente série de exceções, variantes e articulações da retícula originária[19].

Preocupados com a conservação e desenvolvimento da biodiversidade, os estudiosos das ciências da natureza têm sublinhado, mais recentemente, o papel de reserva natural das grandes superfícies externas à cidade, o insubstituível papel de referência fundamental do naturalismo dos antigos jardins privados e dos modernos jardins públicos internos à cidade consolidada, e o papel de interconexão dos percursos fluviais e das passagens entre os espaços edificados, no território e na cidade: ponto, linha e superfície, traçados e elementos emergentes estrategicamente dispostos, tornaram-se assim, instrumentos da composição espacial, aproximando-se dos desenhos de Olmsted, Kessler e Eliot.

Mais recentemente, o estudo do naturalismo difuso articulou de novo a questão, mostrando como superfícies inteiras de *pavillonnaire* podem, por exemplo, desempenhar um importante papel de conexão, conferindo uma significativa dimensão ambiental aos diversos tipos de tecido urbano e, sobretudo, aos tecidos do subúrbio ou em curso de formação na cidade difusa: se até agora pensava-se que esses tecidos davam origem apenas a um excessivo consumo de solo, o estudo mostra seu valor potencial, desde que inseridos em um coerente desenho global do território. A maior parte das espécies animais e vegetais está, de fato, ameaçada pela mudança e fragmentação dos respectivos *habitat*, situação pela qual, não só herbicidas e pesticidas são certamente responsáveis, mas também as barreiras construídas pela urbanização e pelas redes infraestruturais, isto é, pela forma e pelo desenho da cidade e do território. Enfim, ainda mais recentemente, uma reflexão mais madura

---

19. M. Gandelsonas, *The Urban Text* e *X-Urbanism*.

sobre técnicas de construção e funcionamento da cidade, começou a mostrar como cada parte da cidade, para cada nível dos parâmetros fundamentais – por exemplo, os parâmetros referentes a relações de cobertura e a densidades construtivas –, pode ser dotada de infraestruturas substancialmente diversas. A mudança de parâmetros espaciais pode comportar rupturas tecnológicas, a passagem de uma técnica a outra.

Assim, o projeto da cidade contemporânea confia ao desenho dos espaços abertos a missão que tempos atrás era primazia do jardim: ser o lugar onde se experimentam e aperfeiçoam as novas ideias. A seu conjunto compete a missão desempenhada pela malha viária na cidade moderna: dar forma à cidade, mitigando-lhe a fragmentação e a aproximação paratática. Ao desempenhar essa tarefa, os diversos espaços abertos definem com maior clareza o fato de serem materiais urbanos fundamentais, enquanto seu conjunto assume importantíssimo papel de intermediação entre os diferentes fragmentos urbanos, entre suas posições, dimensões, características técnicas, funções e papéis, organizando-os segundo algumas grandes figuras. A história do jardim, ao longo de todo o século XX, é estudo minucioso das relações espaciais entre materiais vegetais e artificiais, opacos e transparentes, próximos ou postos como pano de fundo de horizontes longínquos; de Le Corbusier a Barragán, a Tunnard, à escola de Yale e de Chicago, aos *landscape architects* dinamarqueses e holandeses, a Tschumi e Koolhaas, mais uma vez, e como no jardim clássico no início da modernidade, assiste-se a uma sequência de explorações e experimentos para a reconquista projetual da complexidade espacial da cidade contemporânea[20]. O espaço agrário – com a mudança de seus ritmos, do mosaico da pequena agricultura às grandes malhas regulares dos territórios saneados e da agricultura industrializada,

---

20. K. Frampton, In search of the Modern Landscape, em S. Wrede; W. H. Adams (orgs.), *Denatured Visions*; D. Louwerse, Why Talk about Park Design?, em A. Arriola *et al*, *Modern Park Design*.

orientadas pela declividade do terreno e interrompidas pelos meandros do curso do riacho ou do rio – torna-se, mais uma vez, importante reservatório conceitual para o projeto de uma cidade dilatada e fragmentária.

Fiz esse novo *excursus* para dizer como o projeto da cidade contemporânea está fundamental e prioritariamente ligado a um projeto de solo, capaz de construir uma perspectiva para uma cidade inevitavelmente dispersa, fragmentária e heterogênea. Isso diz respeito, necessária e simultaneamente, às diversas partes da cidade, as permeia e interliga, utiliza materiais e constrói situações nas quais pode ser reconhecida uma nova estética urbana, constrói ritmos espaço-temporais e sequências nas quais podem ser reconhecidas as práticas sociais da nossa época.

A insistência com que, nas últimas décadas, o projeto de solo questionou a permanência e a persistência dos signos do passado, na cidade e no território contemporâneos, não deve ser atribuída a uma inclinação arqueológica, ainda que muitas vezes tenha sido preguiçosamente utilizada nesse sentido, mas, de forma mais abstrata, deve ser atribuída à procura do ritmo próprio de um território, de sua sonoridade, dos modos mais estáveis, pelos quais práticas sociais e características originárias desse mesmo território, seus significados e formas, convergiram entre si.

Essas pesquisas e explorações projetuais nos restituem a imagem de uma cidade de malhas largas, que toma forma e estrutura mediante o desenho do sistema dos espaços abertos. Bem mais dilatada que a cidade moderna, mesmo em sua versão metropolitana, ela se estende sobre territórios de extensão inusitada. Nessa cidade, que ainda não existe, mas que a tempos está em vias de construção, ainda sem um projeto claro, cada fragmento – tal como experiências de laboratório, pontos de cristalização em soluções saturadas ou, para retomar a definição de Schlegel, qual obras de arte – assume também a própria responsabilidade por meio de sua autonomia formal, funcional e institucional.

Porém, a heterogeneidade dos fragmentos não impede a construção de um horizonte de sentido compreensível e de uma forma unitária. As treze *Sequenze* de Luciano Berio, compostas em um arco de tempo de quase três décadas, são fragmentos; entretanto, cada uma delas e seu conjunto têm um caráter altamente unitário. Entre os elementos unificadores há, nas próprias palavras de Berio, o virtuosismo, como intermediário entre a novidade e a complexidade do pensamento musical e suas dimensões expressivas e a "consciência de que os instrumentos musicais não podem ser realmente mudados, nem destruídos e tampouco inventados. Um instrumento musical é em si mesmo um pedaço de linguagem musical". Algo de parecido poderia se dar com a cidade contemporânea e seus materiais.

Os fragmentos da cidade contemporânea são os materiais de um sistema aberto. Suscetíveis à repetição, à conexão e composição, eles propõem-se ao estudo e à experimentação enquanto materiais urbanos. Alguns se sobrepõem e se encaixam uns aos outros até perder a própria identidade, outros se aproximam, outros guardam grandes distâncias recíprocas; alguns são coágulos caracterizados por elevadas relações de cobertura ou por altas densidades: lugares centrais como os núcleos da cidade antiga e moderna, como os *shopping malls* ou os lugares de lazer, segregados nos próprios espaços de estacionamento, as poucas áreas de alta densidade destinadas a residências e escritórios; estes, pontuando o território segundo lógicas e racionalidades diferentes. Outros fragmentos espalham-se com orientação linear ao longo das *strade mercato** ou dos filamentos de casa com jardim que ladeiam ruas de menor importância. Outros são constituídos pelas superfícies porosas e permeáveis do *pavillionaire*; outros ainda por bairros de habitação pública, que lentamente estão se tornando

---

*. O termo *strada mercato* é um conceito criado pelo próprio Bernardo Secchi, refere-se aos eixos viários periféricos da cidade, ao longo dos quais se desenvolveu um comércio criando uma espécie de corredor de "vitrines". (N. da T.)

os novos fulcros formais e conceituais dos tecidos periféricos da cidade moderna; outros, enfim, são constituídos por vastas superfícies e diferentes especificações, dimensões e sequências de materiais constitutivos do espaço aberto e, ainda que todos sejam o resultado de um dispositivo projetual mais ou menos evidente, alguns assumiram formas agressivas e claramente reconhecíveis, enquanto outros, muitas vezes, têm dificuldade de assumir uma identidade clara, na qual sejam reconhecidos estilos de vida, papéis e características formais específicas. Como em uma solução, o ponto de saturação e eventual cristalização depende da temperatura e da pressão, dos valores obtidos por uma série de variáveis descritivas da economia e da sociedade. Em muitos casos, os cristais não se formam em seu devido lugar, como em muitas periferias; na expectativa de um projeto específico, sobra apenas um depósito informe.

Como o espaço construído, o espaço da mobilidade também abandonou a continuidade. Mais que se constituir como uma rede completamente conectada, à semelhança de uma árvore que, do tronco principal ao último ramo, tenta construir uma ordem hierárquica e espacial contínua, o espaço da mobilidade oferece às práticas sociais campos de possibilidade não homogêneos e descontínuos, não necessariamente interligados; *layers* diferentes e parcialmente separados que se oferecem a diferentes práticas. Os principais são os das infraestruturas do movimento rápido, ao redor ou através dos centros e seus diversos fragmentos; e os da percolação pelos corpos filtrantes dos tecidos urbanos e dos espaços abertos. Porém, quando se insiste sobre o amplo espectro das técnicas de mobilidade hodierna e suas características, sobre o fato de que algumas, como aquelas que remetem ao automóvel ou à bicicleta, necessitam de um lugar onde depositar o meio de transporte quando o movimento estanca, contrariamente a outras, como o bonde, o metrô, os elevadores e suas variantes; quando se insiste sobre o caráter contínuo de uns e discreto de outros, que servem apenas alguns pontos postos a uma determinada distância entre si; quando são postas em evidência suas diferentes velocidades médias em vez das imediatas, e se nota o papel que os lugares de passagem de uma técnica de movimento a outra têm na cidade, sobretudo, os lugares de passagem e deslocamento natural, contínuo e sem permanência de pedestres. Insistindo sobre esses aspectos, diz-se que os espaços da mobilidade constroem um conjunto heterogêneo não redutível – como nas grandes figuras da continuidade e regularidade da cidade moderna – à ideia de uma única rede constituída de materiais homogêneos, colocados em uma hierarquia que pudesse ser reconhecida pelas suas características morfológicas.

Essa imagem da cidade contemporânea, de uma cidade que, como disse, já existe, mas continua à espera de um projeto, repropõe temas e interrogações que sempre caracterizaram as fases iniciais de cada época da cidade. Ela pressiona em duas direções complementares: em direção a uma nova atitude elementarista e em direção a uma nova exploração de uma forma da cidade que consiga novamente tornar claras as características dos diversos materiais, a estrutura formal dos diversos fragmentos, seu grau de deformação sob a pressão dos diversos atores e do tempo, suas possibilidades compositivas.

Em anos precedentes, para conceituar os diversos processos de interação social, recorreu-se frequentemente às grandes figuras do jogo e da conversação[21]. *Puzzle* e dominó foram figuras particularmente utilizadas porque abordam de modos diferentes o espaço e o tempo. As peças do *puzzle* nos parecem fragmentos *ex ante*; *ex post* reconhecemos sua característica fundamental de ser detalhe de uma figura que, conhecida ou não pelo jogador, preexistia à conclusão do jogo. O *puzzle* tornou-se assim metáfora de uma possível recomposição da experiência. Aquilo que durante o jogo, torna-se relevante observar, sobre cada peça, é a forma e o conteúdo, o papel de cada fragmento e o sistema

---

21. P. Viganò, *Materiali urbani*.

de compatibilidade e incompatibilidade com os fragmentos vizinhos, porque é a partir desses elementos que se consegue compreender sua posição em um quadro mais amplo. As peças do dominó têm um caráter diferente: elas participam de um jogo fundado sobre regras de associação e dissociação, de compatibilidade e incompatibilidade recíprocas. A figura que emergirá, na conclusão do jogo, não preexiste a ele e permanece incerta durante toda sua duração; a forma das peças individuais é pouco importante e a mensagem que transmitem deve ser interpretada sobre a base de regras pré-estabelecidas pelos próprios jogadores. O dominó tornou-se assim metáfora de uma sociedade que se dá regras para a construção de um futuro do qual lentamente descobre as formas.

Em ambos os jogos, o tempo é um intervalo vazio, ocupado pelos jogadores para realizar um objetivo que ao fim é representado por uma imagem espacial. Porém, um outro jogo, bem menos comum, que talvez devesse chamar a atenção do urbanista, é o *shangai* (pega-varetas). Deixa-se cair desordenadamente, sobre uma mesa, um maço de finas varetas de diferentes valores convencionais e se ergue uma a uma sem mover as outras, sob pena da jogada passar ao outro jogador. O objetivo é maximizar o valor das varetas erguidas e recolhidas. No *shangai,* o tempo é estruturado pelo jogo, pelas sequências e estratégias com as quais, dentro de determinadas regras e limites, possam ser empreendidas as ações de modificação e transformação da cidade e do território; a interseção das varetas, como dos atores e de suas ações no espaço, é o que opõe resistência; cada jogador é continuamente posto frente ao problema do antes e do depois, da prioridade e do valor.

O urbanismo e a arquitetura contemporâneos têm necessidade de voltar a refletir experimentalmente, e de maneira técnica pertinente, sobre aspectos que, em sua longa tradição, sempre couberam à dimensão implícita do próprio projeto: sobre sistemas de compatibilidade e incompatibilidade; sobre distâncias recíprocas; sobre a proximidade; sobre materiais de agregação, disjunção e separação; sobre a mescla de pessoas e a diversidade de atividades; sobre sua densidade; sobre relações de cobertura; sobre relações entre superfícies pavimentadas e permeáveis e sobre materiais compatíveis com as práticas sociais que se imagina poder caracterizar cada um dos fragmentos e cada uma das partes da cidade; sobre gramáticas e sintaxes que governam seu emprego; e, sobretudo, sobre as características do espaço do público e dos elementos de mediação entre os diversos materiais urbanos; em outras palavras, sobre a forma da cidade e as estratégias das quais ela possa resultar. Refletindo experimentalmente sobre os limites do adensamento e da rarefação, sobre a repetição, a alternância e o ritmo, isto é, sobre aspectos fundamentais da forma urbana, o urbanismo contemporâneo alia-se às experimentações de grande parte da arte conceitual das últimas décadas do século.

Quando se fala de forma da cidade, na linguagem comum, normalmente nos referimos a apenas uma de suas acepções, talvez a mais imediatamente compreensível: a da figura geométrica delimitada pelo seu contorno, a da figura que se separa de um pano de fundo indiferenciado; uma acepção certamente pertinente para uma cidade, seja a medieval ou moderna, que se opôs ao campo. Geógrafos e urbanistas muitas vezes classificaram a cidade a partir dessa interpretação do termo, mas certamente essa sua acepção não é tão pertinente, para aquilo que parece a dissolução das formas na cidade contemporânea.

O conceito e o termo forma têm, porém, uma história e uma abrangência mais ampla[22]. São formas, por exemplo, os modos pelos quais os elementos constitutivos ou as partes de um texto, de uma obra musical, de uma cidade, são compostos entre si, segundo regras mais ou menos estáveis e reconhecíveis: nesse sentido, falamos da forma "sonata" ou das formas literárias; era esse o sentido

---

22. W. Tatarkiewicz, *Widawnictwo Naukowe*; J. Vuillemin, Forma, em *Enciclopedia Einandi*, v. VI.

que os formalistas russos e o Círculo de Praga davam ao termo. É uma forma aquilo que percebemos com os nossos sentidos e que constrói nossa experiência estética: a sucessão dos sons de uma poesia como parcialmente distinta de seu conteúdo. É forma a essência conceitual de um objeto depurado de suas características acidentais e contingentes: nesse sentido, falamos de um quadrado ou de um triângulo e desenvolvemos alguns teoremas a seu respeito, sem necessidade de nos referirmos à sua manifestação concreta. É forma, enfim, "o aporte do intelecto ao conhecimento" de um objeto, como oposto ao conhecimento que desse mesmo objeto nos é dado pela experiência. Como é de todo evidente, essas diferentes acepções do termo forma se entrecruzam e em parte se sobrepõem.

A tendência, hoje difundida, de colocar limites, assinalando confins e umbrais, procurando construir novas diferenças entre a cidade e seu exterior, tentando reencontrar uma figura que a separe idealmente daquilo que se considera ser um pano de fundo indiferenciado, bem como a tendência oposta de se livrar do termo e de propor o informe, como grande figura da contemporaneidade, é provavelmente apenas a confissão de uma reflexão insuficiente sobre a cidade contemporânea e sobre a questão da forma em suas diversas acepções. Nessa insuficiência, parece-me ser possível reconhecer a enorme dívida do urbanismo, anteriormente adquirida em relação às segundas intenções que submeteram o projeto da cidade a objetivos não pertinentes, próprios de outras políticas: da política de renda ou da fiscal; da do desemprego ou da de apoio a algumas produções industriais.

Cada grande época da cidade construiu os próprios parâmetros espaciais específicos, "ordens" nas quais se exprime o modo de funcionar do espaço urbano e, de modo inseparável, sua estética. O economicismo do século xx, transformando os parâmetros urbanísticos em instrumentos de política administrativa, interligando seus valores a razões externas e não pertinentes ao urbanismo – por exemplo, aos níveis presumidos de renda ou à taxa de motorização agregada –, transformou-os, muitas vezes, em um conjunto incoerente de prescrições inevitavelmente destinadas ao fracasso. Sob esse ponto de vista, muitos dos grandes projetos urbanos das décadas passadas, dos quais tanto se aprendeu, poderiam ter constituído um enorme laboratório se tivessem enfrentado esses temas com maior coragem e com uma maior compreensão das características iniludíveis da cidade contemporânea; gostaria de dizer: com maior virtuosismo no uso dos materiais e dos instrumentos.

8. ATRAVESSAR O TEMPO

As características fundamentais da cidade contemporânea talvez sejam iludíveis. Em relação a elas, podemos manifestar toda espécie de juízo, mas não podemos esquecer que essas características têm suas raízes e fundamentos em mitos, sistemas de valores e comportamentos individuais, em práticas coletivas, em técnicas construtivas, em consumos e culturas que dificilmente podemos pensar em modificar a médio prazo. Todos os retornos estão destinados ao fracasso e, por mais que se possa apreciar a cidade antiga e a moderna, chorar pelo seu desaparecimento é inútil. De maneira simétrica, é falta de responsabilidade perceber na cidade contemporânea unicamente os aspectos resolvidos do indivíduo, do grupo, da empresa, da instituição, e não os problemas que estão se acumulando, ou imaginar sua solução como resultado de improváveis cenários tecnológicos ou apocalípticos.

O conhecimento da cidade contemporânea, que por ora dispomos, mostra principalmente a obsolescência e a desativação do quadro global do urbanismo do século xx, uma obsolescência e desativação que são mais temáticas e conceituais do que de seus instrumentos. Construído, sobretudo, sobre as figuras da continuidade, da concentração e do equilíbrio, o urbanismo moderno carrega suas marcas. Pôr limites tornou-se uma de suas principais tarefas, desde que se exauriu sua carga de inovação, isto é, desde que se esgotou sua capacidade de imaginar e prefigurar um futuro possível e justo: pôr limites à expansão urbana, à densidade, às alturas, às relações entre espaço coberto e aberto, às proximidades, às possibilidades de localização das diversas atividades, à sua mescla, à sua concentração e à sua dispersão.

Ao tentar representar a economia moral das classes subalternas ou de quem foi menos favorecido pela história, o urbanismo procurou limitar, ao longo dos últimos dois séculos, a disparidade das condições materiais nas quais os diferentes grupos sociais e os diferentes indivíduos conduziam sua própria existência: o urbanismo pensou poder associar intrinsecamente, como se fossem sinônimos, termos como "público", "coletivo" e "geral" ou, no sentido oposto, termos como "privado", "individual" e "particular". Lentamente, nas últimas décadas do século xx, o urbanismo perdeu a compreensão do conteúdo projetual dos instrumentos que, pouco a pouco, aperfeiçoava; e perdeu a compreensão de como, por meio desses instrumentos, também poderia ser construído um projeto de cidade no qual fossem representadas concretamente as instâncias da sociedade toda.

A complexidade da cidade e da sociedade contemporânea mostra a necessidade de um novo projeto. Porém, é ilusão pensar que possa existir uma iniciativa capaz de dar xeque-mate ao rei, é ingênuo e evasivo pensar em substituir o complexo de instrumentos aperfeiçoados em um arco de experiências plurisseculares por um só, único ou principal modo de construção do projeto da cidade e do plano. As maiores dificuldades e os problemas mais importantes do urbanismo contemporâneo não estão relacionados a seus instrumentos. Tentar inventar um novo instrumento, diz Berio, pode ser tão fútil e patético quanto qualquer outra tentativa de inventar uma nova regra gramatical em nossa língua.

A aceleração da passagem do tempo na contemporaneidade implica uma espécie de estratégia de refreamento, implica que as diversas formas de projeto sejam compostas segundo cenários que as coloquem ao longo do eixo do tempo. Cenários e estratégias constroem um intervalo no qual são colocados o projeto da cidade, o plano e as políticas urbanas. Por isso, a construção de cenários e de mapas estratégicos tornou-se fundamental.

Um cenário não é uma previsão: se estivéssemos em condições de prever, muitos de nossos problemas estariam resolvidos; nem é a representação de desejos: se tivéssemos condições de realizar os desejos, não teríamos nenhum problema. Construir cenários quer dizer aceitar a ignorância e construir uma ou mais ordens hipotéticas entre os diversos fenômenos de que a cidade é investida, a economia e a sociedade, para esclarecer suas consequências. O que poderia acontecer se tal fosse o cenário; nesse caso a hipótese sustentada pelo "se" deve ser reencontrada, com dificuldade, em algumas indicações, em algumas informações e tendências captadas pela observação do mundo atual e de sua história. Explorar a evolução possível de algumas variáveis e as paisagens às quais elas podem dar origem, ao que alguns dão o nome sugestivo de *datascape*[1], nos faz refletir sobre o provável e o possível e sobre as relações espaciais, às quais, com toda a probabilidade, cada um dos dois termos dá origem. Convida, de qualquer modo, a percorrer de novo a via já explorada, no século XVIII, pelos "aritméticos políticos"; convida a questionar, de modo

1. MVRDV, *Farmax. Excursions on Density*.

não banal, as relações que se estabelecem, em diferentes escalas, entre populações e territórios pertinentes; convida a entender que o mesmo conceito de população muda de acordo com as diferentes escalas.

Uma estratégia é um modo de coordenar e organizar, no espaço e no tempo, um conjunto de ações conduzidas por uma pluralidade de atores movidos por interesses específicos e dotados de competências específicas, cada um dos quais age em completa autonomia ou sob fracos níveis de coordenação. Por isso, uma estratégia necessita de consenso, deve configurar-se como projeto, mecanismo e conjunto de políticas com a finalidade de realizar situações futuras, que possam ser reconhecidas por todos como sendo melhores que as atuais e para as quais valha a pena mobilizar recursos humanos, físicos e financeiros. Cenários e estratégias, termos frequentemente usados de modo acrítico, não são os modos pelos quais um "pensamento débil" se apresenta; ao contrário, são lugares conceituais nos quais é construída a comparação entre uma multiplicidade de racionalidades fortes em parcial ou radical oposição entre si. O mundo contemporâneo não é marcado pela falta de um princípio de racionalidade, mas pelo surgimento de múltiplas racionalidades afirmadas, de modo irredutível, pelos respectivos protagonistas; racionalidades que frequentemente não se encontram sobre o mesmo terreno e, ao mesmo tempo, que investem não só em metas mensuráveis em termos aquisitivos, mas também em valores consolidados pela tradição ou pela pesquisa de novas formas de afetividade.

O que, de forma razoável, podemos dizer do futuro é muito pouco, talvez algo destinado a ser rapidamente desmentido pelos fatos, mas, exatamente por essa razão, isso é muito importante. É difícil, por exemplo, pensar o futuro da cidade sem pensar também o futuro da sociedade, da economia e da política, campos nos quais a contemporaneidade é marcada por profundas mudanças, mas, também, por forte inércia. Por isso, não podemos nos limitar senão à construção de cenários parciais, pedaços de um quadro geral dos quais não sabemos nem dizer se, na cena futura, ocuparão uma posição central ou marginal, se, da cena futura, serão um fragmento ou um detalhe. Muitas vezes aspectos considerados inicialmente marginais, depois se revelaram os mais claros sinais de um futuro que estava por vir.

O futuro será provavelmente marcado por uma conscientização, cada vez maior, de nossas responsabilidades em relação ao ambiente, seja nos seus aspectos mais gerais e difusos, indicados normalmente com os termos *global change*, seja nos seus aspectos mais específicos e locais, como a tutela do risco hidrogeológico ou a defesa contra qualquer tipo de poluição. Ditadas pelo medo, pela teoria, por um sentido moral mais difundido e por uma nova ética ambiental, na cidade do futuro, com toda probabilidade, as técnicas de controle da pressão ambiental, de sua limitação, mitigação e compensação, se tornarão cada vez mais eficazes e compartilhadas, objeto de políticas, normas e projetos específicos. Isso introduzirá, no espaço dilatado da cidade contemporânea, novos materiais, modificando-lhe a imagem. Provavelmente, assumiremos comportamentos mais prudentes, nos convenceremos de que o espectro das técnicas urbanas é muito mais vasto do que a cidade moderna nos tenha acostumado a pensar. Além do projeto de algumas vastas áreas protegidas, concebidas como grandes reservas naturais, e de uma rede de grandes corredores ecológicos que as interligam, talvez nos convençamos também a enfrentar o grande tema da naturalidade difusa. Se tudo isso encontrar suficiente consenso, nossa paisagem será profundamente modificada.

O futuro provavelmente será marcado por uma mobilidade crescente, seja ao longo dos grandes canais de comunicação, entre os grandes polos urbano-metropolitanos, as *megacities*, seja – ainda que não principalmente – em vastas regiões caracterizadas pela dispersão. É dessa percolação, através de territórios filtrantes como uma esponja, que o urbanismo não se ocupou suficientemente, considerando-a um aspecto menor que poderia encontrar soluções nos velhos esquemas de redes hierarquizadas.

Mas o futuro poderia também ser marcado por uma nova, mais dispersa, articulada e instável geografia dos lugares centrais, resultado e causa das novas técnicas da comunicação, da nova estrutura da temporalidade e da mobilidade e de uma nova geografia de valores posicionais. Graças às novas técnicas de comunicação, muitos dos grandes equipamentos de serviço, escritórios públicos, bibliotecas, parte da assistência de saúde e da educação, partes crescentes das trocas comerciais, provavelmente tenderão a dissolver-se no espaço, tenderão a perder suas características de referência que, como pontos trigonométricos, organizavam o espaço urbano. Provavelmente serão substituídos por outros lugares e por outras práticas: por exemplo, os lugares das práticas do corpo, em suas diversas formas, ligadas ao esporte ou à diversão. Se isso acontecer, possivelmente o futuro também será marcado por uma profunda redistribuição do espaço de uso público: diminuirá o espaço de uso público de propriedade e gestão pública e aumentará aquele de propriedade e gestão privada. A dilatação do espaço aberto, e em particular do espaço público, que acompanhou progressivamente a formação da cidade contemporânea, deu origem, nos diversos países europeus, a algumas contradições fundamentais, de diferentes relevâncias. Elas se manifestaram como resultado das dificuldades da política fiscal e da política de despesas das administrações locais, que acabam não podendo sustentar os custos da organização e gestão dos espaços públicos virtualmente previsíveis. É essa a razão pela qual são cada vez mais numerosas e extensas as áreas destinadas a práticas coletivas, ligadas ao esporte, ao lazer e às compras, de propriedade e gestão privada: *shopping malls* e *shopping strips*, estádios, áreas esportivas, parques temáticos, centros de exposições e congressos, salas de música, discotecas, museus etc. Espaços abertos e *open interiors* de propriedade e gestão privada – frequentemente caracterizados por uma estética agressiva, que, ofuscando os lugares centrais mais tradicionais, integrando-se entre si e, muitas vezes, aos grandes nós da mobilidade, às estações, aos aeroportos, aos sistemas rodoviários, aos portos – tornam-se pontos de referência da cidade contemporânea, em perene busca de uma forma estável. Mas a privatização do espaço público pode dar origem a novas diferenças; em uma sociedade de minorias, pode induzir processos cumulativos de inclusão-exclusão.

É difícil dizer qual será a importância e o futuro das partes da cidade contemporânea que, já agora, são comumente indicadas com os termos de "áreas problemáticas", por um lado, e por outro, de "idade difusa". Entretanto, o futuro da cidade e da sociedade será, nos próximos anos, profundamente marcado pelos modos como serão enfrentadas, e eventualmente resolvidas, as questões que elas propõem. As "áreas difíceis" parecem hoje acometidas por inexoráveis processos de exclusão, segregação e *filtering down*, já conhecidos no passado por extensas partes da cidade moderna americana. Sozinha, a prática do urbanismo é impotente em relação a elas. A sociedade contemporânea encontra-se frente a sistemas de compatibilidade e incompatibilidade social, funcional e física, muito mais radicais que aqueles do passado, e muitos aspectos das políticas econômicas e sociais dos países ocidentais tendem mais a construir e exaltar as diferenças sociais do que a atenuá--las[2]. O determinismo ambiental de anos passados, inspirado por um forte pessimismo, via, de modo um pouco simplista, no urbanismo e na arquitetura dos bairros de edificação pública modernos a principal causa do mal-estar social. Essa visão, simétrica à dos urbanistas modernos que viam nos mesmos bairros a ocasião de resgate social, revelou-se rapidamente uma tentativa bem pobre de remover problemas e aspectos muito mais importantes das nossas sociedades.

2. P. Bourdieu, *La misère du Monde*.

A história das cidades europeias, nos últimos dois séculos, foi acompanhada por um lento, mas contínuo processo de separação e afastamento, pela construção de novos sistemas de incompatibilidade e de intolerância física, social e simbólica. No início, dá-se um movimento de expulsão dos centros urbanos dos matadouros, dos cemitérios, dos hospitais, dos sanatórios, dos quartéis, das fábricas; um movimento de separação dos diversos grupos sociais, das diversas atividades, movimento que tem na Escola de Chicago sua mais forte representação analítica e, no *zoning* sua representação institucional e seu instrumento. O *zoning* não é a causa da segregação, mas sim a institucionalização de tendências já fortemente presentes na sociedade, que levaram a expulsar, para outros lugares, aquilo que não era bonito de ser visto, aquilo que era anti-higiênico, aquilo que se tornava socialmente perigoso, que fazia barulho; institucionalização de tendências que levaram a distinguir e separar aquilo que era "diferente" ou que requeria uma posição particular, próxima à ferrovia, ao canal, ao rio, longe dos bairros mais ricos, próximo ao parque, ao campo. Nem mesmo o assim chamado funcionalismo é causa da segregação, ele que, no máximo, é o estudo das diversas atividades, de suas características e exigências técnicas, de seus modos de funcionar e de suas recíprocas compatibilidades e incompatibilidades. Grande parte da heterogeneidade da cidade contemporânea, de sua constituição enciclopédica, tem uma origem precedente e bem mais profunda num processo de identificação, separação e afastamento, processo em cujas raízes encontramos a ruptura de um sistema de solidariedade e o emergir de um sistema de intolerâncias: higiênicas, acústicas, religiosas, étnicas, entre estilos de vida, entre níveis de renda, costumes, hábitos de consumo, preferências em relação à habitação. Mais do que nunca, minha ideia é a de que, na história da cidade europeia, a forma da cidade mudou, não em função de eventos bélicos ou por causa de mudanças dos sistemas políticos, mas mudou a cada vez que o sistema de solidariedades e de intolerâncias, de compatibilidades e incompatibilidades, foi reconfigurado. Coisa que não acontece todos os dias e não se encontra nos sistemas de levantamentos estatísticos em uso.

A dispersão e a fragmentação, a formação daquilo que em toda a Europa já vem indicado com os termos de "cidade difusa"[3], são uma resposta parcial dos porcos-espinhos de Schopenhauer a esses aspectos da cidade contemporânea e, provavelmente, representam a busca de uma distância precisa em um novo sistema de compatibilidades físicas, sociais e simbólicas. Nesse sentido, a cidade difusa é somente uma parte, nem autônoma nem independente, da cidade contemporânea, mas, ao mesmo tempo, não constitui uma evolução necessária da cidade moderna, e tampouco é provável que se desenvolva dando origem a algo que se lhe assemelhe ou que se desenvolva ao longo de uma única trajetória. É impensável que tentativas razoáveis de aumento das populações relevantes* possam, através de progressivos adensamentos, provocar a transformação, em sua totalidade, da cidade difusa em uma cidade compacta, e é também pouco provável que ela possa ser marginalizada e transformada em uma imensa periferia produtiva dos centros urbanos mais consolidados, reconstruindo, em termos novos, a antiga oposição entre cidade e campo. A consciência das raízes profundas, míticas, do localismo, as tendências evolutivas das técnicas da comunicação, o processo de formação das novas classes dirigentes, os comportamentos de numerosos sujeitos – por exemplo, de grupos juvenis –, a tendência, em parte ligada à progressiva globalização da economia, de concentrar em áreas urbanas tradicionais velhos e novos pobres[4], os cenários da violência e da segurança, não

---

3. F. Indovina, *La città diffusa*.
*. Em estatística, constitui a população relevante, o conjunto de todos os indivíduos, pessoas ou coisas, às quais pode ser atribuída a variável, em cujo valor estamos interessados. (N. da T.)
4. S. Sassen, *The Global City*.

permitem, e talvez também tornem preocupante, um cenário desse tipo.

A cidade contemporânea, através da contínua destruição e democratização dos valores posicionais, é particularmente equipada para operar a diferença e a mescla de pessoas e a diversificação de atividades, isto é, a mudança dos sistemas de compatibilidade e incompatibilidade entre sujeitos e atividades. Cidade de malhas largas, ela ainda oferece o espaço para dar respostas eficazes às demandas básicas, frequentemente incompatíveis entre si, apresentadas pelos diferentes indivíduos. Os cidadãos sienenses ficaram muito insatisfeitos com sua cidade nos anos em que ela se encontrava em construção; não imaginavam que nos séculos seguintes a admirariam tanto. Boa parte dos parisienses, da época de Haussmann, ficaram ainda mais insatisfeitos e, por certo, não imaginavam a difundida nostalgia daquela cidade, que hoje, um pouco hipocritamente, se propagou pelo mundo ocidental. Talvez devêssemos nos habituar a considerar as características da cidade contemporânea não como a representação de um futuro desejável, mas como uma ocasião para construí-lo através de contínuas explorações projetuais.

Opor-se às tendências mais profundas da cidade contemporânea é fútil; tentar fazê-lo por meio de normas que estabeleçam obrigações e proibições mais do que por projetos que ofereçam imagens mais inovadoras, parece-me equivocado. A norma se expressa unicamente em termos de obrigação e proibição, bloqueia a exploração projetual e interrompe o processo cognoscitivo. Em uma norma assim restrita, fixa-se uma certeza que se pressupõe poder impor como verdade. Uma norma construída em termos de concessão e veto é a principal responsável pela formação de valores posicionais.

A cidade contemporânea, por seu próprio caráter, instável e perenemente incompleto, ao contrário, solicita, como já havia feito a cidade moderna em seus inícios, a dúvida, a exploração, a experimentação; necessita de projetos muito mais abertos e de mecanismos muito mais articulados e estratificados que aqueles imaginados para a cidade moderna. Antes de traduzir-se em prescrições, antes de acreditar em um plano, o projeto da cidade deve constituir-se como um "documento" em cuja base possa ser selado um pacto entre a administração e os cidadãos.

Em termos substanciais, um documento define objetivos que o mercado não consegue alcançar. As razões pelas quais o urbanismo sempre guardou uma certa distância crítica em relação ao mercado não são de natureza ideológica. Elas residem na resoluta atenção do urbanista aos fenômenos inerciais de longo prazo e na particular frequência com que os bens públicos, as externalidades e os valores posicionais, isto é, as razões da "lacuna do mercado", compareçam entre os elementos constitutivos da cidade.

A verdadeira vitória do mercado e de suas mais aberrantes formas especulativas sobre o projeto civil hoje é totalmente representada, tanto em termos práticos quanto teóricos, no urbanismo quantitativo, pela tentativa de reduzir, de maneira homogênea, os valores que governam as construções e transformações da cidade aos valores financeiros; pela redução do projeto implícito do urbanista à linguagem abstrata do economista financeiro; pela monetarização de cada elemento e de cada aspecto da cidade e do território; pela transformação concreta da cidade e do território em um imenso depósito de mercadorias substituíveis em imagem física do mercado. Por isso, o urbanismo não pode ser prática aquiescente; apesar dos insucessos, comuns a muitas outras disciplinas, ele não pode senão permanecer em contínuo exercício de radical crítica social.

Os planos e os projetos são sempre eficazes, mais do que normalmente se imagina. O projeto do urbanista deixa seus próprios traços no imaginário coletivo, na cidade física e nas expectativas dos diferentes indivíduos. Sempre teremos que nos confrontar com as imagens, as obras e as expectativas que se formaram em função do plano anterior, quer elas sejam realizadas ou não segundo as intenções de seu autor; sempre teremos que nos confrontar construindo novas imagens, propondo novas intervenções que eventualmente construam novas e diversas expectativas.

Porém, o projeto da cidade e o plano encontram muitas resistências. Na cidade contemporânea, eles têm natureza e forma parcialmente diferente daquelas encontradas na cidade moderna. De fato, o aspecto constitutivo de uma sociedade de minorias é a diferente distribuição, entre os indivíduos e os grupos, das responsabilidades, dos recursos financeiros e políticos, a ruptura das características homogêneas e do nexo de derivação recíproca entre os diversos tipos de recursos e de responsabilidade que caracterizaram a época moderna. Na sociedade de minorias, são muitos os grupos com renda e disponibilidade econômicas modestas que, porém, dispõem de um *surplus* de recursos políticos consistente. As consequências, especialmente em sociedades pouco integradas e que não souberam resolver corretamente a relação entre ciência, técnica e política, se manifestam, geralmente, em comportamentos sociais autocontraditórios, na ineficácia das administrações principais e no mau funcionamento do sistema político.

No que se refere ao projeto da cidade, as consequências manifestam-se através de uma forte divergência entre demandas que emergem do levantamento e da pesquisa de opinião pública, ou das diversas formas de participação popular, e aquelas que emergem das solicitações parciais e setoriais, quando não corporativas, de grupos que, de fato, podem mobilizar relevantes recursos políticos para bloquear ou desviar qualquer atuação do plano. Poucas administrações conseguem enfrentar essa contradição evitando dividir o projeto da cidade, *post factum*, em dois níveis independentes entre si: de um lado, o nível mítico dos grandes princípios, em torno dos quais se concretiza um consenso formal e, de outro, um nível pragmático, quase sempre tácito, feito por contínuas trocas entre recursos econômicos e recursos políticos.

Por esses motivos, por urbanismo se entende também textos que acompanham e atravessam as diversas formas do projeto da cidade e do território: descrevem, ilustram, demonstram, argumentam, sugerem e solicitam os imaginários coletivos e individuais. Longe da invenção contínua e do rápido consumo de palavras que se tornam princípios de curta duração, o urbanismo é escritura épica e polifônica, que transcende a contingência e na qual uma época é representada através de suas diferentes vozes. Além de produtor de projetos de elevado conteúdo técnico, o urbanista é produtor de imagens, de contos e de mitos. Mitos e imagens não são fantasmas; eles captam as instâncias mais fortemente enraizadas na cultura dos lugares e de seus habitantes, constroem juízos e valores, guiam inconscientemente comportamentos individuais e coletivos, dando unicidade à interação social, tornando-a possível. Mitos e imagens são formas de concepção de um futuro possível que procuram antecipar. Propô-los exige um elevado sentido de responsabilidade, uma particular deontologia.

É por isso que, contido entre o estudo do passado e imaginação do futuro, entre dimensão técnica e artística, entre ética e verdade, o urbanismo requer, mais que outras disciplinas, grande liberdade, rigor intelectual e moral. Ainda que possa parecer pouco, gostaria que esse fosse o sentido desta lição.

POSFÁCIO: O *ITER* DO PENSAMENTO DE BERNARDO SECCHI[1]

A trajetória intelectual e profissional de Bernardo Secchi é extremamente fecunda e relevante ao referir e desdobrar, prolongar e provocar as questões com que o urbanismo europeu dos últimos quarenta anos se deparou. Suas pesquisas e estudos, os planos e projetos que elaborou, complementam-se com uma intensa atividade editorial.

Em seu primeiro livro, *Analisi delle strutture territoriali*[2], uma série de ensaios selecionados sobre as "interdependências espaciais da teoria econômica, em particular da teoria do investimento e do desenvolvimento", prevalece um enfoque economicista "neoclássico" na abordagem dos temas relativos à economia das áreas metropolitanas.

---

1. Para elaboração deste texto, usou-se como referência um trabalho relativo à elaboração de tese de doutorado de Pedro M. R. Sales, SP-BCN-SP: Relatório de Estudos Acerca do Projeto Urbano. São Paulo: FAU-USP, 1998.
2. Milano: Angeli, 1965.

Claramente voltado à discussão de hipóteses sobre a resolução de problemas do planejamento territorial, sob a chave do "cálculo econômico", esse estudo buscava sintetizar e avançar as hipóteses metodológicas, teóricas e operativas da disciplina, enfatizando a introdução de modelos que, embora de natureza eminentemente matemática, pudessem admitir confrontação interdisciplinar. Tendo em vista a formulação de políticas de "re-equilíbrio" do território, tais modelos seriam considerados fundamentais para a interpretação dos fenômenos de concentração urbana, à medida que relacionariam entre si fatores de formação e hierarquização de centros, indivisibilidade e custos de transporte, estrutura de mercado, desenvolvimento de redes de transporte e localização dos assentamentos residenciais e produtivos. O livro tentava, além disso, discutir a ordenação espacial do crescimento e a congestão que se verificou nas grandes cidades italianas durante os anos de crescimento (1950/1960).

Centrando-se no problema da habitação, trabalhando a relação entre os fatores solo, capital e trabalho, *Squilibri territoriali e sviluppo economico*[3], publicado em 1974, aborda principalmente a crise econômica e política com a qual a Itália iria, como de resto ocorreu em grande parte dos países europeus, pôr em cheque o transbordante otimismo dos anos de 1950/1960 que acabaria desembocando, em meados dos anos de 1970, na elaboração de planos diretores fundados na noção da "austeridade", na ênfase na luta contra a especulação imobiliária e na afirmação das necessidades coletivas"[4].

A maior contribuição de *Il racconto urbanistico*[5] foi procurar superar o reducionismo que esterilizava o debate, contrapondo esquemática, retórica ou corporativamente,

---

3. Venezia: Marsilio, 1974.
4. V. Erba, Il Passante ferroviario e la nuova politica urbanistica milanese, *Edilizia Popolare*, n. 185, p. 13.
5. Torino: Einaudi, 1984.

plano e projeto. E o fez, como analisa J. Gago[6], apontando duas grandes linhas de investigação: uma que decompõe em estratos ou planos analíticos os "sistemas urbanísticos", expondo seus agenciamentos espaciais, temporais, sociais e funcionais e sua complexidade intrínseca, em contraposição às esperanças dos modelos cientificistas em voga durante os anos de 1960; a outra, que examina a experiência dos governos, de centro e de centro-esquerda, como ferramenta imprescindível para a interpretação do período histórico do pós-guerra e evidencia seu desdobramento nas teorias "quantitativa" e "distributiva" que identificam e polarizam as distintas posições, seja relacionado (o desdobramento) ao problema da habitação, seja quanto ao papel da produção e do mercado imobiliário na Itália.

A "nova forma do plano" é tema de vários artigos e editoriais de Secchi, publicados nas revistas *Casabella* e *Urbanística*, no final da década de 1980 e início dos anos 1990. Nessa série de ensaios, em parte reunidos no livro *Un Progetto per l'urbanistica*[7], ele defendia que o novo desenho do plano deve dar forma concreta aos fenômenos múltiplos e variados que a sociedade contemporânea faz emergir, composta como é por minorias que enfatizam a própria identidade e a recíproca diferença, portadora, portanto, de diferentes objetivos, necessidades e demandas. A solução não pode mais nascer somente dentro do processo de interação e contratação entre os diversos agentes sociais, já que, em uma sociedade de minorias, o espaço da autoridade não é referível a um único polo, e a mobilidade social não é exclusivamente do tipo ascendente ou descendente. Daí a dificuldade de pensar os sujeitos coletivos como representantes e/ou demandantes de interesses gerais, pois o sistema de estratificação social, fechado e fortemente hierarquizado, teria deixado de ser, após a crise dos anos de

---

6. Jesus Gago, Bernardo Secchi: Il racconto urbanistico, *UR Revista*, n. 2, Barcelona, 1985.
7. Torino: Einaudi, 1988.

1970, o principal regulador, em termos econômicos ou políticos, do sistema de interação e contratação social.

Porém, para Bernardo Secchi, à complexidade e diversidade de objetivos, interesses e necessidades da sociedade contemporânea, não faltariam "regras dotadas de significado". Só que a apreensão e interpretação delas já não poderia ser dedutível de reflexões de caráter geral atinentes aos princípios estruturais dessa sociedade.

É nesse contexto que ele escreve *Prima lezione di urbanistica* e uma série de textos nos quais, além do plano e das políticas urbanas, ele defende também o conceito "projeto da cidade" como instrumento capaz de "definir os tempos e modos de uma ativação legítima de interesses" que necessita, além do respeito a padrões e normas, de uma função bem precisa, definindo assim a natureza dos espaços e objetos, bem como a relação que estes devem manter com o contexto, no processo de transformação ou modificação da cidade.

Em relação às questões ambientais, a partir das contribuições das ciências do meio ambiente, Secchi tenta reinterpretá-las através do "ponto, linha, superfície" com o objetivo de conferir maior coerência e representatividade ao fenômeno da urbanização generalizada, de "baixa densidade" do território. Hoje, a atenção de Secchi se volta para o estudo do tema da dispersão territorial, dos materiais, das práticas e valores que essa proposição supõe.

No entanto, para além da observação das linhas de desenvolvimento do urbanismo europeu, do qual o pensamento de Secchi tem se constituído nos últimos quarenta anos como expressão e fator de impulso e orientação, parece importante reter aqui, como síntese de sua visão, a ênfase dada por ele às formas e aos tempos de "composição dos materiais" que constituem a cidade e o território segundo regras e procedimentos capazes de organizar e articular os processos repetitivos, não excepcionais, da cidade contemporânea.

Os textos e livros de Secchi não apenas refletem, mas certamente enriquecem a discussão das importantes mudanças que marcam a instauração da contemporaneidade, contribuindo para orientar rumos e linhas de investigação e, mesmo, difundir novos paradigmas. Por essa razão, como referência fundamental para o pensamento e a ação sobre a cidade e o território contemporâneos, à sua obra impõem-se um reconhecimento. Procurar saldar, mesmo que tardia e parcialmente, tal pendência, é o que motiva a tradução de *Prima lezioni di urbanistica* título no qual os termos Prima Lezione ou seja, Primeira Lição não devem fazer pensar, erroneamente, que o texto se ocupa dos aspectos básicos do urbanismo, mas que, por meio de uma leitura particular constituída de reflexões e de dúvidas, ele reordena e recompõe termos e conceitos, para reescrever com uma certa distância crítica, a trajetória da questão urbana e do território, a transição da cidade moderna para a complexidade da cidade contemporânea. Sempre fazendo uso de uma linguagem ao mesmo tempo erudita e poética – da qual, na tradução, procuramos sempre manter o sentido, a poesia um pouco menos –, ele amplia uma reflexão crítica, tendo sempre em vista o presente e retraça as linhas do devir. Que sua leitura sirva para provocar em nós a proposição de novas práticas, novos programas, novas configurações, novas políticas.

Marisa Barda e Pedro M. R. Sales

BIBLIOGRAFIA

Quando me é pedida uma bibliografia, penso no meu pai. Submerso pelos livros, que tinham invadido cada canto da casa, meu pai respondia aos meus pedidos bibliográficos, apoiando-se às portas envidraçadas que fechavam as estantes e começava a pegar os livros. Antes de passá-los para mim, tocava-os, como se tocam objetos aos quais se está afeiçoado; comentando-os, abria-os e percorria o índice e o texto, as eventuais ilustrações; falava-me do autor e da edição, de seu contexto temporal e local. Cada livro levava a outro e eu sempre tinha a impressão de ter que interromper nossa conversa antes que toda a estante fosse posta no chão ou sobre as mesas. Dessa maneira, eu aprendia muitas coisas: se o livro era grosso ou pequeno, se era menos ilustrado, se fazia parte de uma coleção, se era precioso e insubstituível ou ainda disponível no comércio. Eu podia apreciar, antes ainda de lê-lo, sua característica de objeto, o trabalho do editor e do tipógrafo.

195

Eu não posso me permitir repetir com meus alunos os ritos que tanto amei, mas quando dou aula sempre trago comigo e coloco na cátedra um certo número de livros, simulando o ritual do qual eu era cúmplice com meu pai. Além do mais, é impossível que eu repita aqueles gestos e aquelas palavras no papel impresso. Evoquei-os porque gostaria que construíssem uma espécie de cenário imaginário das indicações que se seguem.

Nesta lição evoquei um conjunto de livros e seus autores. Eles podem ser imaginados como colocados em uma série de prateleiras que se sucedem, afastando-se cada vez mais do ponto de partida do urbanismo. Em outras palavras, alguns poucos textos são ligados diretamente ao urbanismo e talvez, não seja possível um conhecimento dessa área disciplinar sem tê-los lido (b.1). Outros, mesmo ligados a essa área, talvez sejam menos indispensáveis para um conhecimento geral dos temas e dos problemas abordados pelo urbanismo e pela sua história, mas podem constituir os pontos de partida para o aprofundamento desse conhecimento (b.2). Outros, talvez, permitam reconstruir o pano de fundo sobre o qual as principais reflexões dos urbanistas devem ser postas (b.3). Os últimos constroem o pano de fundo sobre o qual devem ser colocadas as minhas reflexões (b.4). Renunciei a dar títulos a essas seções da bibliografia. Mas a minha insegurança a esse propósito significa também que tenho dúvidas sobre a colocação de cada título nos quatro compartimentos.

b.1.

ABERCROMBIE, P. *Town and Country Planning*. London: Oxford University Press, 1933.

ANDRÉ, E. *L'art des jardins*: traité général de la composition des parcs et jardins, dédié a M. Alphand. Paris: 1879 (Marseille: Lafitte Reprints, s.d.).

AYMONINO, C. *Il significato delle città*. Roma/Bari: Laterza, 1975.

_____. *Lo studio dei fenomeni urbani*. Roma: Officina Edizioni, 1977.

BAUMEISTER, R. *Stadterweiterungen in technischer, baupolizeilicher und wirtschaftlicher Beziehung*. Berlin: Ernst und Korn, 1876 (trad. it. parziale in PICCINATO, 1974).

BENEVOLO, L. *Le origini dell'urbanistica moderna*. Bari: Laterza, 1963.
_____. *La città nella storia d'Europa*. Roma/Bari: Laterza, 1993.
BERNOULLI, H. *La città e il suolo urbano*. Milano: Vallardi, 1951.
CERDÀ, I. *Teoría general de la urbanización y aplicación de sus principios y doctrinas a la reforma y ensanche de Barcelona*. Madrid: Imprenta española, 1867, tomo I (trad. it. *Teoria generale dell'urbanizzazione*. Milano: Jaca Book, 1985).
GEDDES, P. *Cities in Evolution*. London: Williams & Norgate Ltd, 1915; edição nova e revista, 1949.
GIEDION, S. *Space, Time and Architecture*. Cambridge, Mass.: Harvard University Press, 1941 (trad. it. *Spazio, tempo e architettura*. Milano: Hoepli, 1965).
GREGOTTI, V. *Il territorio dell'architettura*. Milano: Feltrinelli, 1966.
GURLITT, C. *Über Baukunst*. Berlin: Bard, 1904.
_____. *Handbuch des Städtebaues*. Berlin: Der Zirkel, 1920.
HÉNARD, E. *Études sur les transformations de Paris*. Paris: Librairies-Imprimeries Réunis, 1903.
HOWARD, E. *Tomorrow: a Peaceful Path to Real Reform*, 1898. Republicado como: *Garden Cities of Tomorrow*, London, 1902 (trad. it. *La città giardino del futuro*. Bologna: Calderini, 1962).
KAUFMANN, E. *Von Ledoux bis Le Corbusier: ursprung und entwicklung der autonomen architektur*. Wien/Leipzig: Editions Rolf Passer, 1933 (trad. fr. *De Ledoux à Le Corbusier: origine et évolution de l'architecture autonome*. Paris: Editions l'Equerre, 1981).
LAVEDAN, P.; HUGUENEY, J. *Histoire de l'urbanisme* (3 voll: *Antiquité, Moyen Âge; Renaissance et temps modernes; Epoque contemporaine*). Paris: Laurens, 1926-1959.
LYNCH, K. *Site Planning*. Cambridge, Mass.: Mit Press, 1962 (2ed, 1971).
LYNCH, K.; HACK, G. *Site Planning*. 3ed. Cambridge, Mass.: Mit Press, 1984.
MUMFORD, L. *The Culture of Cities*. New York: Harcourt, Brace & Co, 1938 (trad. it. *La cultura delle città*. Milano: Comunità, 1954).
_____. *The City in History: its origins, its transformations and its prospects*. New York: Harcourt, Brace & Co, 1961 (trad, it., *La città nella storia*. Milano: Comunità, 1963).
ROSSI, A. *L'architettura della città*. Venezia: Marsilio, 1966.
SCOTT, M. *American City Planning since 1890*. Chicago, Ill: University of California Press, American Planning Association, 1995. (I ed. 1969).
SICA, P. *Storia dell'urbanistica*, vol. II: *L'Ottocento*, vol. III: *Il Novecento*. Roma/Bari: Laterza, 1977, 1978.
SITTE, C. *Der Städtebau nach seinen künstlerischen Grundsätzen*, 1889 (trad. it. *L'arte di costruire le città*. Milano: Vallardi, 1953).
STEIN, C. *Toward New Towns for America*. Cambridge, Mass.: Mit Press, 1957 (trad. it. *Verso nuove città per l'America*. Milano: Il Saggiatore, 1969).

STÜBBEN, J. *Der Städtebau*, da série Handbuch der Architektur, organizada por DURM, J. et al., Darmstadt, 1890, vol. IX (trad. it. parziale in Piccinato, 1974).

UNWIN, R. *Town Planning in Practice*: an introduction to the art of designing cities and suburbs. London, 1909 (trad. it. *La pratica della progettazione urbana*. Milano: Il Saggiatore, 1971).

VIGANÒ, P. *Materiali urbani*. Tesi di dottorato in Composizione architettonica, Istituto Universitario di Architettura, Venezia, 1994.

_____. *La città elementare*. Milano: Skira, 1999.

b.2.

AMENDOLA, G. La città fortezza. *Quaderni di Sociologia*, n. 4, vol. XXXVII, 1993.

_____. *La città postmoderna*: Magie e paure della metropoli contemporanea. Roma/Bari: Laterza, 1997.

ASTENGO, G. *I piani regionali*: criteri di indirizzo per lo studio dei piani territoriali di coordinamento in Italia. Roma: Ministero dei Lavori Pubblici, 1952.

BALDUCCI, A. *Disegnare il futuro*: il problema dell'efficacia nella pianificazione urbanistica. Bologna: Il Mulino, 1991.

BALTRUŠAITIS, J. *Les perspectives depravées*, II: anamorphoses ou thaumaturgus opticus. Paris: Flammarion, 1984.

BANHAM, R. *Los Angeles*: the architecture of four ecologies. London: Allen Lane, 1971 (trad. it. *Los Angeles*: l'architettura di quattro ecologie. Genova: Costa & Nolan, 1983).

BATTISTI, E. *L'antirinascimento*. Milano: Garzanti, 1989, 2 v.

BENEVOLO, L. *La cattura dell'infinito*. Roma/Bari: Laterza, 1991.

BORDINI, S. *Storia del panorama*: la visione totale nella pittura del XIX secolo. Roma: Officina Edizioni, 1984.

BOURDIEU, P. (coord.). *La misère du Monde*. Paris: Editions du Seuil, 1993.

BRUSCHI, A. *Bramante*. London: Thames and Hudson, 1973 (trad. it. *Bramante*, Roma/Bari: Laterza, 1973).

BUCHANAN, C. *Traffic in Towns*. London: H. M. Stationery Office, 1963 (ed. Abrev. London: Penguin Books, 1964).

CALABI, D. *Il "male" città*: diagnosi e terapia. Roma: Officina Edizioni, 1979.

CALTHORPE, P. *The Next American Metropolis*: ecology, community and the american dream. New York: Princeton Architectural Press, 1993.

CANIGGIA, G.; MAFFEI, G.L. *Lettura dell'edilizia di base*. Venezia: Marsilio, 1979.

CHASE, J.; CRAWFORD, M.; KALINSKI, J. *Everyday Urbanism*. New York: Monacelli Press, 1999.

CHERRY, G. E. *Pioneers in British Planning*. London: The Architectural Press, 1981.

CHOAY, F. Haussmann et te système des espaces verts parisiens. *Revue de l'Art*, n. 29, 1975, (trad. it. revista in *L'orizzonte del posturbano*. Organizada por E. d'Alfonso. Roma: Officina Edizioni, 1992).

CHOMBART DE LAUWE, P. H. *Paris*: essais de sociologie, 1952-1964. Paris: Les Editions Ouvrières, 1965.

CHRISTIENSEN, K. S. Coping with Uncertainty in Planning. *Journal of the American Planning Association*, 1, 1985.

COGATO LANZA, E. *L'urbanisme en devenir*: réseaux et matériaux de l'aménagement urbain à Genève dans les années trente. Lausanne: Ecole Polytechnique Fédérale de Lausanne, 1999.

CORBIN, A. *Le territoire du vide*: l'occident et le désir du rivage 1750-1841. Paris: Aubier, 1988.

CORBOZ, A. Venise difficile à voir. *Art Vénitien en Suisse et au Liechtenstein*, sett., 1978.

_____. Le territoire comme palimpseste. *Diogène*, 121, jan.-mar. 1983 (trad. it. Il territorio come palinsesto, *Casabella*, 516, sett., 1985. Publicado em *Ordine sparso*: saggi sull'arte, il metodo, lá città e il territorio. Organizada por P. Viganò. Milano: Franco Angeli, 1998).

_____. Vedute riformatrici. *Capricci veneziani del settecento*. Torino: Umberto Alemanni & C., 1988.

_____. Un caso limite: la griglia territoriale americana o la negazione dello spazio-substrato. In _____. *Ordine sparso*: saggi sull'arte, il metodo, la città e il territorio. Organizada por P. Viganò. Milano: Franco Angeli, 1998.

_____. Urbanistica marittima. *Arte veneta*, 51, 1998.

_____. A Network of Irregularities and Fragments: genesis of a new urban structure in the 18th century. *Daidalos*, 34, 1989 (trad. it. Una rete di irregolarità e frammenti: genesi di una nuova articolazione urbana nel XVIII secolo. In: _____. *Ordine sparso*: saggi sull'arte, il metodo, la città e il territorio. Organizada por P. Viganò. Franco Milano: Angeli, 1998).

CRAWFORD, M. The World in a Shopping Mall. In: SORKIN, M. (org.). *Variations on a Theme Park*: the new american city and the end of public space. New York: Hill and Wang, 1992.

CROSTA, P. L. *La produzione sociale del piano*: territorio società e stato nel capitalismo maturo. Milano: Franco Angeli, 1984.

_____. *La politica del piano*. Milano: Franco Angeli, 1990.

DEBIÉ, F. *Jardins de capitales*: une géographie des parcs et jardins publics de Paris, Londres, Vienne et Berlin. Paris: Editions du Centre National de la Recherche Scientifique, 1992.

DI BIAGI, P. *1949/1999. Cinquant'anni dal Piano Ina-casa*: città, architettura, edilizia pubblica: dalla ricostruzione alla città contemporanea, relazione introduttiva al convegno omonimo. Venezia, 1999.

_____. (org.). *La Carta d'Atene*: manifesto e frammento dell'urbanistica moderna. Roma: Officina Edizioni, 1998.

DI BIAGI, P.; GABELLINI, P. *Urbanisti italiani*: Piccinato, Marconi, Samonà, Quaroni, De Carlo, Astengo, Campos Venuti. Roma/Bari: Laterza, 1992.

DI PASQUALE, S. *L'arte del costruire*: tra conoscenza e scienza. Venezia: Marsilio, 1996.

DURAND, J.-N.-L. *Précis des Leçons d'architecture données à l'Ecole Royale Polytechnique*. Paris, 1817-1819 (trad. it. *Lezioni di architettura*. Milano: Clup, 1986).

_____. *Partie graphique des cours d'architecture faite à l'Ecole Royale Polytechnique dépuis sa réorganisation*. Paris, 1821 (trad. it. *Lezioni di architettura*. Milano: Clup, 1986).

FAGIOLO, M. Il giardino come teatro del mondo e del cielo. In: *Tutela dei giardini storici*: Bilanci e prospettive. Organizado por V. Cazzato. Roma: Ministero per i Beni Culturali e Ambientali/Ufficio Studi, 1989.

FOSCARI, A.; TAFURI, M. *L'armonia e i conflitti*. Torino: Einaudi, 1983.

FRAMPTON, K. In Search of the Modern Landscape. In: WREDE, S.; ADAMS, W. H. *Denatured Visions*: landscape and culture in the twentieth century. New York: The Museum of Modern Art, 1988.

FRIEDMANN, J. *Planning in the Public Domain:* from knowledge to action. Princeton, N. J.: Princeton University Press, 1987 (trad. it. *Pianificazione e dominio pubblico*: dalla conoscenza all'azione. Bari: Dedalo, 1993).

GABELLINI, P. *Corso di tecnica urbanistica*. Milano. Politecnico di Milano, Facoltà di Architettura, 1996-1997.

GANDELSONAS, M. *The Urban Text*. Cambridge, Mass.: Mit Press, 1991.

_____. *x-Urbanism*: architecture and the american city. New York: Princeton Architectural Press, 1999.

GARREAU, J. *Edge City*: life on the new frontier. New York: Doubleday, 1991.

GIEDION, S. Monumentalità vera e falsa (1943). *Breviario di architettura*. Milano: Garzanti, 1961 (ed. or. *Architektur und Gemeinschaft*. Hamburg: Rohwohlt, 1956).

GOTTMAN, J. *Megalopolis*: the urbanized northeastern seaboard of the United States. New York: The Twentieth Century Fund, 1961.

GREGOTTI, V. *Identità e crisi dell'architettura europea*. Torino: Einaudi, 1999.

GUILLERME, J. Notes pour l'histoire de la régularité. *Revue d'Esthétique*, n. 3, 1970.

HALL, P. *Megacities, World Cities and Global Cities*. Amsterdam: Stichting Megacities 2000/Megacities 2000 Foundation, 1997 (Megacities Lecture 1).

HEGEMANN, W. *Der Städtebau nach den Ergebnissen der Allgemeinen Städtebau-Ausstellung in Berlin nebst einen Anhang: die internationale Städtebau-Ausstellung in Düsseldorf*. Berlin: E. Wasmuth a.-g., 1910, 1911-1913 (trad. it. di estratti: *Catalogo delle esposizioni internazionali di urbanistica. Berlino 1910, Düsseldorf 1911-12*. Milano: Il Saggiatore, 1975).

_____. *Das steinerne Berlin*. Lugano: Jakob Hegner, 1930 (trad. it. *La Berlino di pietra*. Milano: Mazzotta, 1975).

HILBERSEIMER, L. *Groszstadt Architektur*. Stuttgart: Julius Hoffmann, 1927 (trad. it. *L'architettura della grande città*. Napoli: Clean, 1981).

HISE, G. *Magnetic Los Angeles*: planning twentieth century metropolis. Baltimore: The Johns Hopkins University Press, 1997.

HUET, B. Le tre fortune di Durand. Introdução a SZAMBIEN, W. *Jean-Nicolas-Louis Durand, 1760-1834*: de l'imitation à la norme. Paris: Picard, 1984 (trad. it. *J. N. L. Durand*: il metodo e la norma in architettura. Venezia: Marsilio, 1986).

IMBERT, D. *The Modernist Garden in France*. New Haven: Yale University Press, 1993.

INDOVINA, F. *La città diffusa*. Venezia: Dipartimento di analisi economica e sociale del territorio, Istituto Universitario di Architettura, 1990.

ISARD, W. *Methods of Regional Analysis*: an introduction to regional science. Cambridge, Mass.: Mit Press, 1960.

JOHNSON, D. L. *Frank Lloyd Wright versus America*. Cambridge, Mass.: Mit Press, 1990.

KEMP, M. *Towards a New History of the Visual* (trad. it. *Immagine e verità*: per una storia dei rapporti tra arte e scienza. Milano: Il Saggiatore, 1999).

KOOLHAAS, R. What Ever Happened to Urbanism? *ANY Magazine*, 9, nov./dic., 1994, Urbanism vs Architecture: The Bigness of Rem Koolhaas. Republicado em: OMA; KOOLHAAS, R.; MAU, B. *S, M, L, XL*. Rotterdam: 010 Publishers, 1995.

KREUCKEBERG, D. A. *The American Planner*: biographies and recollections. New York: Methuen, 1983.

LEFEBVRE, H. *Critique de la vie quotidienne*. Paris: Grasset, 1947.

LÉVEILLÉ, A. Genève. Plan directeur 1935: Maurice Braillard. *Archithèse*, 2, 1984.

_____. 1935: il Piano direttore di Ginevra. *Urbanistica*, 89, 1987.

LOUWERSE, D. Why Talk about Park Design?. In: ARRIOLA, A.; GEUZE, A. *et al. Modern Park Design*: recent trends. Amsterdam: Uitgeverij Thoth, 1993.

MARIAGE, T. *L'univers de Le Nostre*: les origines de l'aménagement du territoire. Bruxelles: Mardaga, 1990.

MARTINOTTI, G. (org.). *La dimensione metropolitana*. Bologna: Il Mulino, 1999.

MILLER LANE, B. *Architecture and Politics in Germany, 1918-1945*. Cambridge, Mass.: Harvard University Press, 1968.

MORACHIELLO, P.; TEYSSOT, G. *Nascita delle città di Stato*. Roma: Officina Edizioni, 1983.

MVRDV. *Farmax. Excursions on Density*. Rotterdam: 010 Publishers, 1998.

_____. *Metacity /Datatown*. Rotterdam: 010 Publishers, 1999.

OMA; KOOLHAAS, R.; MAU, B. *S, M, L, XL*. Rotterdam: 010 Publishers, 1995.

PARK, R. E.; BURGESS, E. W.; MCKENZIE, R. D. *The City*. Chicago: The University of Chicago Press, 1925 (trad. it. *La città*. Milano: Comunità, 1967).

PEDRETTI, B. (org.). *Il progetto del passato*: memoria, conservazione, restauro, architettura. Milano: Mondadori, 1997.

PERRY LEWIS, J. *Building Cycles and Britain's Growth*. London/New York: Macmillan/St. Martin's Press, 1965.

PICCINATO, G. *La costruzione dell'urbanistica*. Roma: Officina Edizioni, 1974.

PRIVILEGGIO, N. *Sistemi di oggetti*: Situazioni della città contemporanea. Tesi di dottorato in Progettazione architettonica e urbana. Facoltà di Architettura-Politecnico di Milano, 1998.

RASMUSSEN, S. E. *London*. Oslo: Gyldendal, 1934 (edição revista. *London*: the unique city. London: Jonathan Cape, 1937; nova edição revista. Cambridge, Mass.: Mit Press, 1967, trad. it. *Londra città unica*. Roma: Officina Edizioni, 1972).

Rassegna: Architettura e governo delle città, n. 75, 1998.

SASSEN, S. *The Global City*. Princeton, N. J.: Princeton University Press, 1991.

SCHMIDT, H. Norme edilizie e alloggio minimo (1929). In: AYMONINO, C. (org.), *L'abitazione razionale*: Atti dei Congressi CIAM 1929-1930. Venezia: Marsilio, 1971.

SCHNORE, L.; LAMPARD, E. E. *The New Urban History*: quantitative explorations by american historians. Princeton, N.Y. Princeton University Press, 1975.

SCHÖN, D. A. *The Reflexive Practitioner*. New York: Basic Books Inc., 1983 (trad. it. *Il professionista riflessivo*: per una nuova epistemologia della pratica professionale. Bari: Dedalo, 1993).

SCOTT, A. J.; SOJA, E. W. *The City*: Los Angeles and urban theory at the end of the twentieth century. Berkeley: University of California Press, 1996.

SECCHI, A. *Composizione urbanistica*: una tradizione di ricerca. Tesi di dottorato in Progettazione urbana. Napoli: Facoltà di Architettura-Università degli Studi Federico II, 1998.

SECCHI, B. *Il racconto urbanistico*. Torino: Einaudi, 1984.

_____. Autori nella folla: per una ricostruzione dell'immaginario disciplinare. In: DI BIAGI, P.; GABELLINI, P. *Urbanisti italiani*: Piccinato, Marconi, Samonà, Quaroni, De Carlo, Astengo, Campos Venuti. Roma-Bari: Laterza, 1992.

_____. *Dell'utilità di descrivere ciò che si vede, si tocca, si ascolta*. Prato, II Convegno internazionale di Urbanistica, 1995.

SECCHI, M. *Una violenta rottura*: il progetto della città europea nel ventesimo secolo. Tesi di dottorato in Progettazione architettonica e urbana. Facoltà di Architettura-Politecnico di Milano, 1998.

SENNET, R. *Flesh and Stone*: the body and the city in western civilization. London: Faber and Faber, 1994.

SORKIN, M. (org.). *Variations on a Theme Park*: the new american city and the end of public space. New York: Hill and Wang, 1992.

SUTCLIFFE, A. (org.). *The Rise of Modern Urban Planning 1800-1914*. London: Mansell, 1980.

SZAMBIEN, W. Architettura regolare. L'imitazione in Durand, *Lotus*, 32, 1982.

_____. *Jean-Nicolas-Louis Durand, 1760-1834*: de l'imitation à la norme. Paris: Picard, 1984 (trad. it. *J. N. L. Durand*: il metodo e la norma in architettura. Venezia: Marsilio, 1986).

TAFURI, M. *Venezia e il Rinascimento*. Torino: Einaudi, 1985.

TATARKIEWICZ, W. *Widawnictwo Naukowe*. Warsawa: PWN, 1976 (trad. it. *Storia di sei idee*. Palermo: Aesthetica Edizioni).

THERNSTROM, S.; SENNET, R. *Nineteenth Century Cities*: essays in the new urban history. New Haven: Yale University Press, 1969.

TSCHUMI, B. *The Manhattan Transcripts*. London: Academy, 1991.

_____. *Event-Cities*. Cambridge, Mass.: Mit Press, 1996.

VUILLEMIN, J. Forma. In: *Enciclopedia Einaudi*. vol. VI. Torino: Einaudi, 1979.

WREDE, S.; ADAMS, W. H. (orgs.). *Denatured Visions*: landscape and culture in the twentieth century. New York: The Museum of Modern Art, 1988.

ZAITZEVSKY, C. *Frederick Law Olmsted and the Boston Park System*. Cambridge, Mass.: Belknap Press, 1982.

b.3.

ARIÈS, Ph. The Family and the City. *Daedalus*, 106, 2, 1977. Republicado em *Essais de mémoire, 1943-1983*. Paris: Seuil, 1993 (trad. it. *I segreti della memoria. Saggi 1943-1983*. Firenze: La Nuova Italia, 1996).

BAKHTIN, M. *Tvorcestvo Fransua Rable i narodnaja kultura srednevekov'ja i Renessansa*. Izdatel'stvo "Chudozestvennaja literatura", 1965, (trad. it. *L'opera di Rabelais e la cultura popolare*. Torino: Einaudi, 1979).

BAGNASCO, A. *Tracce di comunità*: temi derivati da un concetto ingombrante. Bologna: Il Mulino, 1999.

BENJAMIN, W. *Schriften* I. Frankfurt am Main: Suhrkamp Verlag, 1955, (trad. it. *Angelus Novus*. Torino: Einaudi, 1962).

_____. *Das Passagen-Werk*. Frankfurt am Main: Suhrkamp Verlag, 1982 (trad. fr. *Paris capitale du xixème siècle*: le livre des passages. Paris: Les Editions du Cerf, 1989).

BERMAN, M. *All that is Solid Melts into Air*: the experience of Modernity. New York: Simon & Schuster, 1982 (trad. it. *L'esperienza della modernità*. Bologna: Il Mulino, 1985).

BOURDIEU, P. *Les usages sociaux de la science*. Paris: Institut National de la Recherche Agronomique, 1997.

BRAUDEL, F. *Civilisation matérielle, économie et capitalisme: xve-xviiie siècle*: Les structures du quotidien: le possible et l'impossible. Paris: A. Colin, 1979 (trad. it. *Civiltà materiale, economia e capitalismo*: Le strutture del quotidiano, Secoli xv-xviii. Torino: Einaudi, 1982).

CALABRESE, O. *L'età neobarocca*. Roma-Bari: Laterza, 1987.

EASTON, D. *The Political System, an Inquiry into the State of Political Science*. New York: Alfred A. Knopf, 1960 (trad. it. *Il sistema político*. Milano: Comunità, 1963).

ENGELS, F. Zur Wohnungsfrage. *Der Volksstaat*, n. 51-53, 1872 (trad. it. *La questione delle abitazioni*. Roma: Edizioni Rinascita, 1950).

FÉNELON, F. de Salignac de La Mothe-. *Les aventures de Télémaque*. Paris, 1699 (trad. it. in BORGHERO, C. (org.). *La polemica sul lusso nel Settecento francese*. Torino: Einaudi, 1974).

FOUCAULT, M. L'occhio del potere. Introdução a BENTHAM, J., *Panopticon*. Venezia: Marsilio, 1983.

FREUD, S. *Vorlesungen zur Einführung in die Psychoanalyse*. Wien: H. Heller, 1915-17 (trad. it. *Introduzione alla psicoanalisi*. Torino: Boringhieri, 1978).

_____. *Das Unbehagen in der Kultur*, 1929 (trad. it. *Il disagio della civiltà*. Torino: Boringhieri, 1978).

GARGANI, A. (org.). *La crisi della ragione*: nuovi modelli nel rapporto tra sapere e attività umane. Torino: Einaudi, 1979.

GINSBORG, P. *L'Italia del tempo presente*: famiglia, società civile, Stato. 1980-1996. Torino: Einaudi, 1998.

GINZBURG, C. Spie. Radici di un paradigma indiziario. In GARGANI A. (org.), *La crisi della ragione*. [S.l.: s.n.], 1979.

_____. *Miti, emblemi, spie*: morfologia e storia. Torino: Einaudi, 1992.

HABERMAS, J. *Der philosophische Diskurs der Moderne*. Frankfurt am Main: Suhrkamp Verlag, 1985 (trad. it. *Il discorso filosofico della modernità*: Dodici lezioni. Roma-Bari: Laterza, 1987).

HARVEY, D. *The Condition of Postmodernity*. New York: Basil Blackwell, 1990 (trad. it. *La crisi della modernità*. Milano: Il Saggiatore, 1993).

HIRSCHMAN, A. O. *Shifting Involvements*: private interest and public action. Princeton, N. J.: Princeton University Press, 1982 (trad. it. *Felicità privata e felicità pubblica*. Bologna: Il Mulino, 1983).

HOBSBAWM, E. J. *Age of Extremes*: the short twentieth century 1914-1991. London: Random House Inc., 1994 (trad. it. *Il secolo breve, 1914-1991*: fera dei grandi cataclismi. Milano: Rizzoli, 1997).

KUHN, T. S. *The Essential Tension*: selected studies in scientific tradition and change. Chicago: University of Chicago Press, 1977 (trad. it. *La tensione essenziale*. Torino: Einaudi, 1985).

JAMESON, F. *Postmodernism or The Cultural Logic of Late Capitalism*. Durham: Duke University Press, 1991.

MARCUS, S. *Engels, Manchester and the Working Class*. New York: Random House, 1974, (trad. it. *Engels, Manchester e la classe lavoratrice*. Torino: Einaudi, 1980).

MARX, K.; ENGELS, F. [1845-1846]. *Die Deutsche Ideologie*. Moscou: Marx-Engels-Lenin-Institut, 1932 (trad. it. *L'ideologia tedesca*. Roma: Editori Riuniti, 1967).

ODUM, E. P. *Fundamentals of Ecology*. Philadelphia: W. B. Saunders Company, 1953.

QUESNAY, F. *Tableau économique*, Versailles, 1758 (trad. it. *Il "tableau économique" e altri scritti di economia*. Milano: Isedi, 1972).

RICARDO, D. *Principles of Political Economy and Taxation*. London: J. Murray, 1817 (trad. it. *Principi dell'economia politica e delle imposte*. Torino: Utet, 1965).

ROCHE, D. *Histoire des choses banales*: naissance de la consommation dans les sociétés traditionnelles (xv-xix siècle). Paris: Librairie Arthème Fayard, 1997 (trad. it. *Storia delle cose banali*: La nascita del consumo in Occidente. Roma: Editori Riuniti, 1999).

ROSSI, R. *I ragni e le formiche*. Bologna: Il Mulino, 1986.

SARTI, R. *Vita di casa*: abitare, mangiare, vestire nell'Europa moderna. Roma-Bari: Laterza, 1999.

SCHOENWALD, R. Training Urban Mind: a hypothesis about the sanitary movement. In: DYOS, H.J.; WOLFF, M. (orgs.). *The Victorian City*: images and realities. London: Routledge & Kegan Paul, 1973.

SIMMEL, G. *Der Konflikt der modernen Kultur. Ein Vortrag*. München-Leipzig: Duncker & Humblot, 1918 (trad. it. *Il conflitto della cultura moderna e altri saggi*. Roma: Bulzoni, 1976).

SMITH, A. *An Inquire into the Nature and Causes of the Wealth of Nations*. Dublin: Whitestone, 1776 (trad. it. *La ricchezza delle nazioni*. Milano: Newton Compton, 1976).

SOMBART, W. [1912]. *Liebe, Luxus und Kapitalismus*. Ed. reimp. München: DTV, 1967 (trad. it. in *Metropolis. Saggi sulla grande città di Sombart, Endell, Scheffler e Rimmel*. Editado por CACCIARI, M. Roma: Officina Edizioni, 1973).

STEDMAN JONES, G. *Outcast London*: a study in the relationship between classes in victorian society. London: Penguin Books, 1971 (trad. it. *Londra nell'età vittoriana*. Bari: De Donato, 1980).

WEBER, M. *Die protestantische Ethik und der Geist des Kapitalismus*, 1904 (trad. it. *L'etica protestante e lo spirito del capitalismo*. Milano: Rizzoli, 1991).

_____. *Wirtschaft und Gesellschaft*. Tübingen: Mohr, 1922 (trad. it. *Economia e società*. Milano: Comunità, 1961).

WEISS, A. S. *Miroirs de l'Infini*: Le jardin à la française et la métaphysique au xviie siècle. Paris: Editions du Seuil, 1992.

b.4.

BARTHES, R. La mort de l'auteur [1968]. In: *Le bruissement de la langue*: Essais critiques iv. Paris: Editions du Seuil, 1984 (trad, it. *Il brusio della língua*. Torino: Einaudi, 1988).

_____. *Le degré zéro de l'écriture*: suivi de nouveaux essais critiques. Paris: Editions du Seuil, 1972, (trad. it. *Il grado zero della scrittura. Seguito da Nuovi saggi critici*. Torino: Einaudi, 1982).

_____. *Leçon*: Leçon inaugurale de la chaire de sémiologie littéraire du Collège de France, prononcée le 7 janvier 1977. Paris: Editions du Seuil, 1978 (trad. it. *Lezione*. Torino: Einaudi, 1981).

BAUDRILLARD, J. *Le système des objets*. Paris: Gallimard, 1968.

BAUMAN, Z. *La società dell'incertezza*. Bologna: Il Mulino, 1999.

BENEDETTI, C. *L'ombra lunga dell'autore*. Milano: Feltrinelli, 1999.

BERLIN, I. *Four Essays on Liberty*. London/New York: Oxford University Press, 1969 (trad. it. *Quattro saggi sulla libertà*. Milano: Feltrinelli, 1989).

_____. *The Crooked Timber of Humanity*: chapters in the history of ideas. London: John Murray, 1990 (trad. it. *Il legno storto dell'umanità*: capitoli della storia delle idee. Milano: Adelphi, 1991).

BOURDIEU, P. *Choses dites*. Paris: Les Editions de Minuit, 1987.

BOUVERESSE, J. Robert Musil et le problème du déterminisme historique. *Iichiko Intercultural*, 7, 1995.

_____. *Prodiges et vertiges de l'analogie*. Paris: Edition Raison d'Agir, 1999.

CANGUILHELM, G. *Le normal et le pathologique*. Paris: Presses Universitaires de France, 1966.

CARANDINI, A. *Storie dalla terra:* manuale di scavo archeologico. Torino: Einaudi, 1991.

DELEUZE, G. Gli intellettuali e il potere. Conversazione tra Michel Foucault e Gilles Deleuze. *L'Arc*, II, 1972 (trad. it. In: FOUCAULT, M. *Microfisica del potere*. Organizado por A. Fontana e P. Pasquino. Torino: Einaudi, 1977).

DOUGLAS, M. *Thought Styles*. London: Thousand Oaks, 1996 (trad. it. *Questioni di gusto*. Bologna: Il Mulino, 1999).

ECO, U.; SEBEOK, T. A. (orgs.). *Il segno dei tre*: Holmes, Dupin, Peirce. Milano: Bompiani, 1983.

ENZENSBERGER, H. M. *Zickzack: Aufsätze*. Frankfurt am Main: Suhrkamp Verlag, 1997 (trad. it. *Zig zag*: saggi sul tempo, il potere e lo stile. Torino: Einaudi, 1999).

FOUCAULT, M. *L'ordre du discours*: leçon inaugurale au Collège de France prononcée le 2 décembre 1970. Paris: Gallimard, 1971 (trad. it. *L'ordine del discorso*. Torino: Einaudi, 1972).

GENETTE, G. *Figures*: essais. Paris: Editions du Seuil, 1966 (trad. it. *Figure I*: retorica e strutturalismo. Torino: Einaudi, 1969).

HACKING, I. *The Taming of Chance*. Cambridge: Cambridge University Press, 1990 (trad. it. *Il caso domato*. Milano: Il Saggiatore, 1994).

LUHMANN, N. *Gesellschaftsstruktur und Semantik*. Frankfurt am Main: Suhrkamp Verlag, 1980 (trad. it. *Struttura della società e semantica*. Roma-Bari: Laterza, 1983).

LYOTARD, J. F. *La condition postmoderne*. Paris: Les Editions de Minuit, 1979 (trad. it. *La condizione postmoderna*: rapporto sul sapere. Milano: Feltrinelli, 1981).

PUTNAM, H. *Meaning and the Moral Sciences*. London: Routledge & Kegan Paul, 1978 (trad. it. *Verità e ética*. Milano: Il Saggiatore, 1982).

ROSEN, C. *Schönberg*. London: Marion Boyars, 1976.

_____. *The Romantic Generation*. Cambridge, Mass.: Harvard University Press, 1995 (trad. it. *La generazione romantica*. Milano: Adelphi, 1997).

SCHLEGEL, F. Frammenti dell'*Athenaeum*, III, 137 [1798]. In: *Frammenti critici e poetici*. Torino: Einaudi, 1998.
SEBILLOT, P. *Les travaux publics et les mines dans les traditions et les superstitions de tous les pays*. Paris: J. Rothschild Editeur, 1894 (reimpressão química. Neully: Guy Durier éditeur, 1979).
THOMPSON, E. P. *Società patrizia, cultura plebea*. Torino: Einaudi, 1981.
TODOROV, T. *Introduction à la littérature fantastique*. Paris: Editions du Seuil, 1970 (trad. it. *La letteratura fantástica*. Milano: Garzanti, 1977).
VEGETTI, M. *Tra Edipo e Euclide*. Milano: Il Saggiatore, 1983.
_____. *Il coltello e lo stilo*. Milano: Il Saggiatore, 1987.
VON FOERSTER, H. Cibernetica ed epistemologia: storia e prospettive. In: BOCCHI ,G.; CERUTI, M. (orgs.). *La sfida della complessità*. Milano: Feltrinelli, 1985.

Este livro foi impresso em Cotia,
nas oficinas da MetaBrasil,
para a Editora Perspectiva